Norbert Obermayr

Gratwanderung – ein betrieblicher Wandlungsprozess

Norbert Obermayr

GRATWANDERUNG

Ein betrieblicher Wandlungsprozess

Impressum

Obermayr, Norbert: Gratwanderung.
Ein betrieblicher Wandlungsprozess!
Umschlaggestaltung: Judith Wörner
Herstellung und Verlag: Books on Demand GmbH., Norderstedt

November 2008
Printed in Germany
ISBN 978-3-8370-4375-4

Bibliografische Information der Deutschen Nationalbibliothek
Die Deutsche Nationalbibliothek verzeichnet diese Publikation in der Deutschen Nationalbibliografie; detaillierte bibliografische Daten sind im Internet über http://dnb.d-nb.de abrufbar

Zum Autor

Norbert Obermayr ist promovierter Wirtschaftsingenieur. Er lehrt seit 1980 u.a. an der Technischen Universität in Graz, an verschiedenen Fachhochschulen sowie diversen Erwachsenenbildungsinstitutionen. Nach dem Studium war er Universitätsassistent bei o. Univ.-Prof. Dr. Josef W. Wohinz, Institut für Wirtschafts- und Betriebswissenschaften und dissertierte zum Thema „Logistik". Er wechselte dann in die Geschäftsleitung einiger KMU`s und wurde Technischer Vorstand in einem österreichischen Konzern. Nach einem erfolgreichen Projekt machte er sich als Unternehmensberater selbständig und gründete zusammen mit Regina Obermayr-Breitfuß das „Holistische Institut". Er verfolgte ein eigenständiges, holistisches Konzept, dessen Basis einerseits seine umfangreichen theoretischen Kenntnisse und seine vielfältigen Erfahrungen sind, in das andererseits aber auch die psychologischen Kenntnisse seiner Frau einfließen. Die neuesten Erkenntnisse der Biologie finden darin genauso ihren Niederschlag wie die bahnbrechenden Erkenntnisse aus der Quantenphysik.

Das Holistische Institut dient heute vorwiegend der wissenschaftlichen Grundlagenarbeit, wie neue Managementansätze aussehen könnten und wie die neuen Erkenntnisse aus der Biologie und aus der Quantenphysik in einem holistischen Managementkonzept Platz finden können. Nachhaltiges Wirtschaften wird in Zukunft nur mehr im Einklang mit den universellen Gesetzen möglich sein. Da spielen auch die Forschungserkenntnisse von Regina Obermayr-Breitfuß eine wichtige Rolle; Holistisches Management wird auch ein intuitives Management sein.

Neben der Beschäftigung mit neuen Managementansätzen widmet sich der Autor seiner brötchengebenden Kernkompetenz, der Gestaltung von Produktionssystemen und deren Produktivität. Für diese vorwiegend technischen Planungen von Produktions- und Logistiksystemen leitet er ein Technisches Büro und begleitet damit Investitionsvorhaben und führt sie zum wirtschaftlichen Erfolg.

Inhaltsverzeichnis

Vorwort

Am meisten wundert mich heute noch der Mut von Herrn Hofer (Anm.: Name geändert). Stellen Sie sich vor, ein führender Mitarbeiter von Ihrer Unternehmung käme zu Ihnen und sagt: *„Wir stellen den gesamten Betrieb um. In vier Wochen! 90% aller Maschinen und Arbeitsplätze werden umgestellt, verändert!"* Würden Ihnen da nicht die Haare zu Berge stehen? Sicherlich, und so würde es fast allen Unternehmern gehen. Nicht so bei Herrn Hofer: Es hat sich die Sache angehört, stellte Fragen, und er ließ mich dann nach einer oder zwei Wochen Denkpause nochmals darüber vortragen. Er sah sich die Planungsunterlagen sorgfältig an. Dann stimmt er zu.

Am letzten Arbeitstag vor dem Betriebsurlaub gab es umfangreiche Informationen an die gesamte Belegschaft, und auch Pläne, wie der Betrieb nach dem Urlaub aussehen würde. Als die Vorstellung vorbei war und ich von den aufgestellten Paletten herunterstieg, fuhr bereits der erste Bagger in die Werkshalle. Und auf einmal wurden viele Menschen sehr geschäftig: sie begannen, Maschinen abzubauen, Werkzeuge und Vorrichtungen wegzuräumen, Teile aus den Zwischenlagern wegzufahren, und und und. Schwere Fundamente wurden ausgegraben und betoniert, Maschinen wieder aufgebaut und neue Arbeitsplätze eingerichtet. Drei Wochen später waren 90% aller Maschinen und Arbeitsplätze fertig umgestellt, und die Meister begannen mit der technischen Inbetriebnahme der Maschinen: Maschinen einmessen, Softwareprogramme wieder einspielen, Funktionstests, und was so alles dazugehört. Am Montag, nach vier Wochen Betriebsurlaub, standen zu Beginn der ersten Schicht die Meister beim Fabrikstor und nahmen ihre Mitarbeiter in Empfang. Sie begannen mit einer Betriebsführung, damit jeder Mitarbeiter möglichst schnell sich wieder gut orientieren konnte. Nach wenigen Wochen war die Produktivität um 10% höher, und die Liefertreue erreichte zu gut wie 100%. Eine Leistung, auf die alle zu Recht stolz waren. Das Kosten-Nutzen-Verhältnis ermittelte unser Controller mit 1:3! Ein Jahr danach reichten wir das Projekt für den Logistik-Preis ein, und unsere Arbeit wurde damit ausgezeichnet.

Die im folgenden beschriebene Bergtour gab es dann tatsächlich. Ich versuche anhand dieser Tour und den damals ähnlichen Gesprächen die einzelnen Phasen des Projekts zu rekapitulieren und für Sie transparent zu machen. Bei den zahlreichen Vorträgen wurde ich immer wieder gefragt, was meiner Meinung nach den Erfolg ausgemacht hat, und woher Herr Hofer den Mut und die Gewissheit nahm, dass es klappen würde. Bei der Frage, was wäre gewesen, wenn es schief gegangen wäre, konnte ich nur die Schulter zucken: wir wollten und konnten an ein Scheitern gar nicht denken.

Zwei Dinge sind es meiner Meinung nach, die den Erfolg ausmachen. Das ist zum einen die „neue Kultur", die immer mehr Platz gegriffen hat, und zum anderen die klare Struktur, die Vision, das erstrebenswerte Ziel. Kultur, das weibliche Prinzip, und Struktur, das männliche Prinzip, bringen ein neues Prinzip hervor, das „Kind" der beiden, die Dynamik. Dynamik bringt Veränderung! Veränderung macht zwar zunächst unsicher; diese Unsicherheit wird aber einer natürlichen menschlichen Verhaltensweise in Sicherheit umgewandelt. Ist dieser Punkt erreicht, erlebt der Mitarbeiter „Flow". Dieser Prozess einmal in Gang gebracht lässt sich nicht so einfach mehr stoppen. Das konnte ich bei vielen weiteren Projekten sehen, die ich in Folge begleiten durfte. Sehr beeindruckt war ich – und alle anderen Beteiligten natürlich auch – von den persönlichen Veränderungen der Mitarbeiter in den Projektteams: sie machten einen großen Schritt in ihrer Persönlichkeit nach vorne, und das fiel auch ihren Ehefrauen auf. Sie gingen gerne in die Arbeit, auch gerne wieder nach Hause Und: Sie hatten Spaß am Tun! *„Mein Mann packt jetzt alles ganz anders an",* formulierte es eine Ehefrau.

Die „neue" Selbständigkeit erfordert ein „neues" Führen. Es bedarf, wie es Anselm Grün ausdrückt, eines Führers, der in „seiner Mitte ruht". Es überwindet den Typ des Machers, es braucht den Diener. Viele Führungskräfte könnten es viel viel einfacher haben, würden sie das holistische Prinzip verinnerlichen. Entscheidungen auf rationaler Ebene alleine zu treffen hat wenig mit Mut zu tun. Entscheidungen mit „innerer Gewissheit" zu treffen bedeutet, die Aufgabe auch mit der eigenen Intuition „anzusehen". Wie viele Beispiele zeigen, basieren viele Erfindungen auf intuitiven Eingebungen. Die Intuition war auch der Grundstein für das beschriebene Projekt: „*Die Eingebung kam am Heiligen Abend! Es war zuhause gerade besonders fad*“. So unschmeichelhaft formulierte es der Cashflow[1] in seiner damaligen Ausgabe.

Ich bedanke mich sehr herzlich bei meinem früheren Chef und Unternehmer, hier Herr Hofer genannt, für die Möglichkeit, so eine tiefgreifende Erfahrung machen zu dürfen. Für ihn steht auch heute noch der Begriff MUT für: Mehr ungewöhnliches Tun! - Weiter bedanke ich mich bei allen meinen früheren Mitarbeitern; ohne ihrer Mitwirkung wäre dieses Projekt nicht möglich gewesen. Die Herausforderungen von Hans werde ich nie mehr vergessen: sie zwangen mich zum Nachdenken, Formulieren, Darlegen, Nachfragen. Er schaffte es, gleichzeitig Motor und Skeptiker zu sein. Gut, dass es da auch Ermutiger, Verstärker und Planer gab, die vertrauensvoll und mit viel innerer Gewissheit ihre Aufgaben wahrnahmen und der gesamten Gruppe oft Rückhalt und Stütze waren. Dazu zählt auch der damalige Betriebsratsvorsitzende; ohne seinem Verständnis und seiner Unterstützung wären wohl noch viel mehr skeptische Stimmen laut geworden, die ich als Vorgesetzter schon aufgrund meiner Funktion nicht hätte beruhigen können.

Nicht zuletzt, aber am Schluss, bedanke ich mich bei meiner Frau Regina, die mir in vielen Stunden bei unserem Kennenlernen in Griechenland mit Rat und Tat zur Seite gestanden ist, und mit der ich in vielen Gesprächen eine tiefgreifende Reflexion machen konnte. Sie hat mir dadurch zu so vielen neuen Erkenntnissen – warum was wieso funktioniert hat – verholfen. Gott sei Dank gab es in den griechischen Tavernen stets Tischtücher aus Papier; so hatte ich stets die Möglichkeit, mir Notizen zu machen. Unsere – damals ungeborene – Tochter Sarah bekam wohl somit eine gute Grundlage für ihre berufliche Zukunft. Mit viel Interesse verfolgt sie unser Tun, und heute stellt auch sie mir oft die entscheidenden Fragen. Somit wurde und wird auch sie mir zur Lehrmeisterin. Ich danke ihr dafür.

Linz, im November 2008 Norbert Obermayr

---

[1] Cashflow Nr. 6 Juni 1992; Seite 32

Handelnde Personen

Michael:	Ich – Erzähler
Herr Hofer:	Firmeninhaber
Josef:	Betriebsleiter Werk 1
Alfred:	Betriebsleiter Werk 2
Peter:	Personalleiter
Dieter:	Controller
Sepp:	Leiter der Fertigungssteuerung
Herbert:	Leiter Arbeitstechnik
Hans:	Meister 1
Norbert:	Meister 2
Manfred:	Geschäftsführer eines Mittelbetriebes
Veronika:	Seine Bergbegleiterin, eine Psychologin
Robert:	der ehemalige Betriebsleiter, nun Leiter der Sonderteilefertigung,

I. Vom „richtigen“ Tempo

Hans schlägt mit einem lauten Knall den Kofferraumdeckel seines Autos zu. "Wir können gehen", ruft er uns zu. "Das nennt man ‚Just-in-time’", meint Norbert. Tatsächlich! Innerhalb weniger als einer viertel Stunde traf die gesamte Mannschaft beim Parkplatz ein.
"Geht Hans immer so roh mit seinen Sachen um?“, frage ich.
"Hans ist janusköpfig! Er hat zwei Gesichter. Du müsstest ihn sehen, wie sehr er darauf bedacht ist, dass seine Mitarbeiter äußerst sorgfältig mit ihren Betriebsmitteln umgehen. Andererseits hat er sie - heute ja Gott sei Dank nicht mehr - sehr grob behandelt", antwortet Josef.
"Ich weiß", werfe ich ein. "Ich musste ihn deswegen bereits zweimal ermahnen. Er hat sich aber in letzter Zeit stark verändert.“
"Wir alle haben uns in letzter Zeit gewaltig verändert", murmelt Sepp von rechts halb hinten. "Früher wäre es mir nie in den Sinn gekommen, mit einem Meister nur irgendetwas zu unternehmen, und heute beginnen wir eine Bergtour zum Abschluss unseres Projektes. Die ständigen Probleme mit den Meistern haben sehr an unseren Nerven gezerrt. Ständig haben sie unsere Planungen über den Haufen geworfen, und wir waren Schuld, wenn - wie so oft - Fehlmengen auftraten. Wenn ich an unsere Auseinandersetzungen denke, schaudert es mich heute noch.“
"Konnten die Meister früher überhaupt anders handeln? Waren ihre Aufgaben und ihre Interessenslage nicht so unterschiedlich, dass diese Problematik auftreten musste?“ frage ich zurück. Da von niemanden eine Antwort kam, gab ich sie gleich selbst: "Mit den Vorgaben, die sie hatten, und der Sandwichfunktion zwischen Management und Mitarbeitern, konnten sie gar nicht anders handeln. Du kennst ja das alte Lohnmodell. Hättest du je in ihrer Haut stecken wollen?" Auf keinen Fall! Aber das haben wir früher nicht erkannt.“ Und ich fragte weiter: „Unser ganzes Denken, unser Bewusstsein, das Erkennen von Zusammenhängen hat sich in letzter Zeit sehr verändert", gibt Sepp zu, und fährt fort: "Für mich persönlich war das Projekt sehr wertvoll. Ich glaube, alle anderen empfinden das auch so.“

Ich drehe mich um und werfe einen Blick zurück. Die Autos am Parkplatz sind schon ein ganzes Stück entfernt. "Wir sind die Letzten",

denke ich und sehe die Mannschaft in kleinen Gruppen teilweise schon weit vor mir.
"Hans ist natürlich bei den Ersten", murmle ich halblaut vor mich hin.
"Wir wollen doch nicht der *"Herbie"* sein", mahnt mich Sepp.
"Herbie? Das ist doch die Figur aus dem Buch *'Das Ziel'*. Danach müssten wir mit unserem Gehtempo als Erste gehen", sagt Josef und ergänzt: "Berggehen ist nicht so sehr meine Sache. Ich bin froh, wenn mir nicht gleich der Atem ausgeht."
"Nur ruhig bleiben", mahne ich. "Ihr werdet sehen, wir werden bei den Ersten sein, wenn wir die Hütte erreichen. Beim Berggehen ist es wie bei vielen anderen Dingen: Nicht zu schnell angehen, aber beständig und gleichmäßig vorwärts schreiten, besonders dann, wenn man eine schwere Last zu tragen hat."
Der Rucksack mit der ganzen Kletterausrüstung ist verdammt schwer. Wir wollen auch nicht eine kleine Wanderung unternehmen, sondern wir haben uns ein ordentliches Ziel gesteckt: Das Erreichen des Gipfel des Großglockner über den Stüdlgrat.
"Ich habe die Verantwortung! Wie bei unserem Projekt", denke ich und stapfe langsam und beständig weiter.

"Warum hat mir niemand gesagt, dass es so anstrengend ist", sagt Norbert, als wir uns ihm nähern. Er sitzt auf einem Stein und wartet auf uns. Der Schweiß steht ihm auf der Stirn, und sein Hemd ist nassgeschwitzt.
"Doch doch", antworte ich ihm: "Bei der Vorbereitung habe ich euch gesagt, dass wir zwei Stunden bis zur Hütte brauchen werden. Mit jedem Schritt wird der Rucksack immer schwerer, und die Luft wird dünner." Norbert steht auf, nimmt seinen Rucksack wieder auf die Schulter und schließt sich uns als Letzter an.
"Da geht es anderen genauso", meint er nach einer Weile, als er sieht, dass andere auch bereits eine Rast gemacht haben.
"Verdammt heiß", ächzt Peter, und hat es sich bequemer gemacht. Er sitzt in einer Runde mit den anderen. Der anfängliche Übermut ist nun einer gewissen Bedächtigkeit und Ehrfurcht gewichen.
"Wir werden hier eine kurze Rast einlegen", schlage ich vor: "Kurz Kräfte sammeln, etwas essen, und vor allem trinken. Dann gehen wir weiter."

Sorgfältig wähle ich die Schritte aus. Die anderen sollen ja nach meinen Tritten und in einer Gleichmäßigkeit möglichst kräftesparend nachgehen können, und alle sollen bei diesem Tempo mitkommen. So haben wir es auch gelernt, damals, bei unserer Ausbildung zum Bergführer. ´Es gibt ein paar Weisheiten´, so haben uns damals die Ausbilder immer wieder gesagt, ´die du beachten musst, willst du eine Gruppe zum Ziel führen, und soll die Gruppe daran auch Spaß haben.
Dazu gehört erstens: Wähle deine Schritte sorgfältig aus. Wer dir nachsteigt, soll sicheren Halt finden, und nicht ausrutschen. Sonst kostet das Kraft Es ängstigt möglicherweise, und das ist auf alle Fälle unangenehm. Zweitens: Gehe ein gleichmäßiges Tempo. Das Verhältnis Energiehaushalt zu Vorwärtskommen ist dann am Besten. Seid ihr zu schnell, kommt bald einer nicht mehr mit, seid ihr zu langsam, löst sich die Gruppe auf. Dann laufen bald die einen weit vorne, und die anderen hinken nach. Und drittens: Lass die Schwächeren hinter dir gehen, dann hast du sie besser im Griff. Du merkst an ihrem Atem, ob sie schon müde sind, kurz, wie gut sie noch beisammen sind. Und lass sie genau in deine Tritte steigen. Das erspart ihnen mögliche Fehltritte, sie können dein Tempo besser halten, es geht für sie eben leichter.' Ich habe schon eine Weile nicht mehr geführt, kommt es mir in den Sinn. Trotzdem fallen mir gleich die ´Weisheiten des Führens´ ein!

Ein kurzer Blick zurück vergewissert mich, dass wir in der Gruppe beisammen sind. Sepp ist mein Blick zurück aufgefallen:
"Nun haben wir *'Das Ziel'* verwirklicht. Jetzt gehen wir gemeinsam und gleichmäßig. Michael gibt das Tempo an, setzt sorgfältig die Schritte, und es fällt uns leichter, ihm zu folgen. Nur Hans ist noch vorne. Der will der Erste sein."
"Dafür bekommt er auch kein Freibier oben", beruhigt sich Josef. "Das ist typisch. Wie früher. Er hat zwar nicht immer so genau gewusst, wo es hingeht, aber dafür war er schneller."
"Ich möchte jetzt keinen Meter zu viel machen", erleichtert sich Peter, und er fragt, wann denn endlich die Hütte zu sehen wäre.
"Bald, sehr bald", antworte ich. "Aber auch dann ist es noch ein schönes Stück zu gehen. Du siehst zwar die Hütte, aber du kommst nur

langsam näher. Manchmal habe ich bei Hütten oder Berggipfeln das Gefühl, sie wären schon zum Greifen nahe, und dann glaubst du, jemand schiebt sie dir immer weiter weg.“
"Das baut mich aber nicht gerade auf.“
"Ausdauer, lieber Peter, Ausdauer", unterbricht ihn Herbert. Herbert ist auch bergerfahren. Er hat seine Kräfte gespart und das Gespräch bisher schweigend mitverfolgt. "Erinnere dich zurück: Auch während des Projekts hat es Phasen gegeben, wo der eine oder andere nicht mehr so recht wollte. Und als wir glaubten, das Ziel erreicht zu haben, sind neue Aufgaben dazugekommen. Wie wichtig war es, dass wir uns gegenseitig aufgebaut, und dass wir das Ziel nie aus den Augen verloren haben!“
"Du hast Recht! Wir sind auch oft beisammen gesessen, haben unseren Standort überprüft und neue Aufgaben geplant. Aber jetzt weiß ich nicht, wo wir sind.“ "Wir machen es bei unserer Tour genauso. Die erste Etappe haben wir uns noch zu Hause angesehen, und auch die Möglichkeiten, die wir danach haben werden. Die nächste Etappe planen wir auf der Hütte genauer. Du siehst doch Hans da vorne? Bald müsste er die Hütte sehen. Sie liegt gleich hinter diesem Felsen. Ich kann es dir aber gerne auf der Karte zeigen.“
"Nicht nötig", meint er, "soviel Vertrauen habe ich zu dir. Gehen wir lieber weiter, und halten wir uns nicht länger damit auf.“

"Hütte in Sicht", ruft Josef erleichtert aus und träumt von einem kühlen Bier.
"Aber wo ist Hans hingekommen?", fragt Sepp.
"Er hat sich im innersten noch nicht wirklich verändert. In gewissen Dingen ist er noch immer ein Einzelkämpfer geblieben", sagt Peter. "Wenn ich zurückdenke, wie oft er Planungen alleine durchführte, die dann nicht oder nur teilweise mit uns abgestimmt waren, und die dann korrigiert werden mussten! Und heute läuft er wieder vorne weg. Es täte mich wundern, wenn er die Abzweigung dort unten nicht übersehen hätte."
"Dabei war doch ein nicht zu übersehender Wegweiser", ergänzt Herbert.
"Hans übersieht auch das. Er muss richtig darüber stolpern, bevor er es merkt", ärgert sich Sepp und erinnert sich: "So war es doch immer

wieder in der Vergangenheit. Er ist immer stur seinen Weg gegangen. Das war doch der Grund für so manche Auseinandersetzung."
"Aber wenn er sich heute verlaufen hat ist ihm der Spott sicher, ", beruhigt sich Peter, "und außerdem kostet es ihn eine Runde besten Wein."

"Jodelt da nicht Hans?", fragt Alfred, und er bleibt stehen, um genauer hören zu können.
"Der hat schon das Bier in der Hand", lechzt Josef, und lässt die Zunge wie ein Dackel heraushängen.
"Das kommt aber nicht von oben", meint Alfred.
Peter lacht laut auf und wiederholt seine Einschätzung von Hans: "Ich habe es gewusst, dass er sich wieder verlaufen wird. Die besagte Runde Wein geht auf seine Rechnung, und dann soll er für heute ruhig sein."
"Wartet", dröhnt es aus der Ferne.
"Als ob wir das nicht ohnehin schon täten", sage ich.
Fast im Laufschritt kommt Hans dahergeeilt. Keuchend kommt er näher. "Ihr braucht gar nichts mehr zu sagen", meint er. "Ich weiß schon, was ihr denkt. Ich füge mich meinem Schicksal."
"Schicksal? Ich würde es eher nicht sehr klug nennen. Du lernst doch nie! Wenn Du achtsamer wärst, würdest du den einen oder anderen Fehler vermeiden können."

Hans hätte in diesem Augenblick viel dafür gegeben, hätte er aus seiner Haut schlüpfen können. Er wusste, wie sehr er früher durch sein Verhalten Probleme und Auseinandersetzungen heraufbeschworen hatte, wie oft er schon erklärt hatte, sich zu ändern. Und nun das heute.
"Jetzt siehst Du es wieder einmal selbst! Heute hast du es ganz anschaulich, wie du durch dein Verhalten die Gruppe hemmst", wirft ihm Peter vor, als könnte er seine Gedanken erraten. Peter ist für Personalfragen verantwortlich, und in diesen Dingen sehr penibel.
Hans sagt kein Wort. Er hat sich weiter hinten eingereiht und stapft nun mit uns der Hütte zu.
"Die Hütte wird ziemlich voll sein", wende ich mich zurück, als wir schon sehr nahe sind. "Ich werde mich gleich um das Lager kümmern. Treffen wir uns dann vor der Hütte."

II. Was war? Der Ausgangspunkt

Eine heftige Diskussion empfängt mich, als ich zur Tür hinaustrete. "Die haben sich ja schnell erholt", denke ich. Sepp hat offensichtlich die Gunst der Stunde genutzt, und will mit Rückendeckung anderer alte Rechnungen mit Hans begleichen, indem er ihm sein früheres Verhalten vorwirft. Hans verteidigt sich mit Unterstützung von Norbert.

"Was hätten wir denn tun sollen", höre ich Hans sich verteidigen. "Robert war ständig darauf bedacht, dass ja alle Maschinen laufen. Er hat ja auch den Druck von oben gehabt.“ Und Norbert wirft ergänzend ein.

"Herr Hofer hat sehr großen Wert darauf gelegt, dass alle Maschinen ausgelastet sind. Bei seinen Rundgängen durfte keine einzige Maschine stehen. Da haben wir sogar manchmal mogeln müssen. Und wenn er einmal eine Maschine stehen sah, mussten wir uns eine Predigt anhören, wie sehr wir Geld verschleudern. Da hat er uns dann vorgerechnet, wie sich der Stundensatz einer Maschine in Richtung höherer Kosten verändern würde, wenn sie nicht ausgelastet ist. ´Ob wir eine Verteuerung des Produktes verantworten könnten´, hat er uns dann gefragt."

"Ja, ja, die gute Kostenrechnung", murmle ich, und werfe Dieter einen prüfenden Blick zu. Ich bringe ihn dadurch in Verlegenheit. Er hat die neuen Stundensätze der Betriebsmittel neuerlich nach dem alten Muster mit Aufschlägen errechnet, statt der von mir geforderten Prozesskostenrechnung. Und deshalb sind wir uns nicht einig.

"Herr Hofer besteht darauf, dass sie so gerechnet werden", verteidigt er sich.

"Sie verfälschen die ganze Kostenstruktur und verhindern jeden ablauforganisatorischen Fortschritt. Darüber diskutieren wir noch.“

Hans ist froh, dass ich damit nicht das Gespräch auf ein anderes Thema gelenkt habe, denn ganz ungeduldig fährt er fort: "Außerdem mussten wir mehrmals am Tag den Zeitgrad jedes einzelnen Mitarbeiters nachrechnen: Und wehe, der stimmte nicht mit den Vorstellungen von Herrn Hofer überein. Robert musste ihm wöchentlich die Kennzahlen vorlegen.“

"Die KNV (Anm.: kurzfristige Nachverfolgung)", denke ich vor mich hin, "damit habe ich als erstes Schluss gemacht bei meinem Eintritt.“ Ich war mir zwar der negativen Auswirkungen dieses Kontrollinstrumentes zu diesem Zeitpunkt nicht in seiner voller Tragweite bewusst, aber ich bin mit mir zufrieden, dass ich das gleich in ausreichendem Maße erkannt habe.
"Der Druck wurde auch auf die Mitarbeiter übergewälzt", fährt Hans fort. "Robert hat sie zur Rede gestellt, wenn der Zeitgrad nicht passte. Und die Mitarbeiter waren ja selbst auch interessiert, einen hohen Zeitgrad zu erreichen, weil ihr Prämienlohn in Stufen mit dem Zeitgrad gestiegen ist. Die setzten uns wieder unter Druck, die Losgrößen zu vergrößern, damit weniger Rüstzeiten entstehen, und damit der Einarbeitungsgrad sich besser auswirkt.“
"Und dann habt ihr nicht einmal in der EDV nachgeschaut, wann die nächsten Teile gebraucht werden, sondern habt die Losgröße selbst verdoppelt und das Material aus dem Lager geholt. Ganz einfach so", ärgert sich Sepp noch immer.
"Manchmal sogar verdreifacht", gibt nun Norbert erstmals zu. "Die Rüstzeiten waren ja auch im Managementbericht.“
"Dann habt ihr geschrieen, wenn das Material, das für andere Teile reserviert war, ausgegangen ist. Walter war dann immer der Dumme, der nicht in der Lage war, rechtzeitig und genügend Material herbeizuschaffen.“
"Er hätte ja im Lager nachschauen können, was fehlt. Aber er ist immer vor seinem Computer gesessen, und hat uns gezeigt, dass genügend Material vorhanden sein müsste.“
"Was ja gar nicht stimmte", fällt ihm Sepp ins Wort. "Durch euer Handeln hat ja die Planung mit der Realität nie zusammengestimmt.“
"Dafür haben die Kennzahlen gestimmt", grinst Norbert, und freut sich über das damalige Verhalten.
"Stopp", unterbricht Peter das angeregte Gespräch. "Wir wollen doch nicht in das alte Muster zurückfallen! Mittlerweile hat jeder die Auswirkungen seines damaligen Tuns erkannt - und da hat auch die Planung und Steuerung ihren Teil dazu beigetragen - und nun polemisieren wir nicht weiter, sondern diskutieren sachlich über die schwierige Ausgangslage. Einverstanden?"
Die Runde nickt schweigend.

"Warum waren die Kennzahlen immer so gut", wundere ich mich, und ich spreche Hans an: "Die Kennzahlen, die ich mir errechnet habe, waren wenig beeindruckend. Die angegebenen haben doch nie gestimmt?"
"Doch", grinst Hans. "Robert hat uns den Tipp gegeben, wir sollten mehr Regiestunden aufschreiben, das hebt den Zeitgrad."
"Dafür ist aber dann der Anteil an produktiven Stunden gesunken?", frage ich weiter.
"Ja, aber das war nicht so wichtig. Das hat nie jemand angeschaut", bekomme ich zur Antwort.
"Und wenn ständig alle Maschinen laufen mussten, warum hat es dann so oft Fehlmengen gegeben? Warum dann die permanenten Feuerwehraufträge?" frage ich weiter. Mit dieser Frage wollte ich mich eigentlich nur vergewissern, wie gut die *'neue Denkweise'* verankert geblieben war.
"Durch den ständigen Betrieb aller Maschinen haben wir Teile erzeugt, die wir noch nicht brauchten", erklärt mir Norbert. "Die haben wir zunächst in den Materialbahnhöfen (Anm.: interne Bezeichnung für Regale in der Fertigung, in denen die Werkstattaufträge zwischengelagert wurden) gelagert. Dann waren Maschinen zu einer Zeit belegt, zu der wir andere Teile fertigen sollten. Umgerüstet haben wir nur, wenn es dringend notwendig war Und dann haben wir auch gleich wieder zurückgerüstet, damit wir die begonnene Arbeit fertig stellen konnten. Die Materialbahnhöfe waren bald so voll, dass die Zuordnung Bahnhof zu Maschine nicht mehr passte. Als Folge haben wir oft mehr Zeit zum Suchen verwendet, als für die Fertigung. Also haben wir die Teile neu gefertigt, obwohl wir wussten, dass sie irgendwo gelagert waren."
Josef schüttelt den Kopf und sagt: "Gut, dass es keine Materialbahnhöfe mehr gibt".
"Ich kann mir überhaupt nicht mehr vorstellen, wie wir früher gearbeitet haben", meint Hans. "Wir haben doch alles falsch gemacht!"
"Nein", unterbreche ich ihn gleich. "Ihr habt nicht alles falsch gemacht! Wie hättet ihr es auch anders machen können? Ihr müsst immer bedenken, welchen Sinn es gehabt hat, dass ihr so gehandelt habt. Euer Handeln hat ja einem bestimmten Zweck gedient. Es ist wichtig, dass

ihr eure damalige Arbeit - auch und gerade weil ihr es heute anders seht - entsprechend würdigen könnt. Wenn ihr den tieferen Sinn erkennen könnt, und die ´gute Absicht´ bzw. ´gute Annahme´, die dem alten Denken zugrunde gelegen ist, dann passiert etwas sehr Interessantes: Ihr hört auf, euch selbst nur zu kritisieren, und zu denken, ´alles war schlecht´. In dem Moment, indem ihr aufhört, euch selbst nur zu kritisieren, gewinnt ihr ein tiefes und liebevolles Verständnis für euch selbst und befreit euch von der Anhaftung alter Denkgewohnheiten. Ein kritischer Blick auf uns selbst, eine Reflexion, ist gut und wichtig, weil sie unsere Entwicklung fördert. Wenn wir aber nur die Handlung betrachten, und nicht die Absicht, die dahinter stand, die also der Motor meiner Handlung war, dann haftet die alte Denkgewohnheit wie eine Klette an uns, die wir zwar immer abputzen wollen, die sich aber nie ganz entfernen lässt. Nur so ist eine wirksame und dauerhafte Veränderung möglich. Dieses Loslassen bewirkt einen Freiraum, in dem neues Denken und Handeln erst möglich wird".
"Jetzt verstehe ich erst deine andauernden Fragen“, wirft nun Herbert ein, und tippt mit dem Zeigefinger auf die Schläfe. "Deine Fragestellungen, vor allem aber die Kunst deiner Fragestellungen als Projektleiter haben doch darauf abgezielt, dass du unser Tun ständig hinterfragt hast: Welches Denken und welche Annahmen haben zu diesem oder jenem Handeln geführt? Durch diese Fragen hast du uns einerseits eine Brücke gebaut, dass wir dieses alte Handeln loslassen konnten, andererseits hast du uns damit erst die neue Handlungsweise ermöglicht. Dadurch konnten wir unser Tun wahrnehmen und verstehen. Wir haben es zwar gut gemeint, aber die Wirkungsweise war eine ganz andere.“ "Am Anfang war mir bei der vielen Fragerei schon immer sehr mulmig“, überwindet sich nun auch Norbert, "weil ich immer das Gefühl hatte, aufgedeckt zu werden. Das hat sich aber bald gelöst. Als ich merkte, dass Michael uns hilft, die Dinge zu begreifen und ein neues Verständnis zu bekommen, warum wir so gehandelt haben. Gar nicht einfach, so zu fragen, und dabei unser Vertrauen zu gewinnen. Ich glaube, darin liegt ein Schlüssel für die Veränderung."

"Wie war das mit dem Ausschuss und der Nacharbeit?" will nun Josef wissen.

"Dafür hatten wir keine Zeit", schießt es aus Norbert, so, als hätte er auf diese Frage schon längst gewartet. "Diese Arbeiten wollte auch keiner machen. Also haben wir diese Teile ebenfalls in die Materialbahnhöfe gelegt..." "...und sie dort verstauben lassen, bis ich euch aufgetragen habe, alle Nacharbeitsteile auszusortieren und diese sukzessive nachzuarbeiten", unterbreche ich ihn.
"Das war vielleicht ein Aufruhr. Keiner wollte diese Arbeit tun, weil alle befürchtet hatten, Zeitgrad und damit an Prämie zu verlieren. Da ist dann auch gleich der Betriebsrat gekommen und hat verlangt, dass dadurch die Prämien nicht fallen dürften", ergänzt Hans.
"Das war ja immer ein Problem bei Ausschuss", wirft Norbert ein. "Dadurch, dass alle einen hohen Zeitgrad erreichen wollten, hat niemand auf die Qualität geschaut. Gemerkt haben wir es erst, wenn die bei der Montage reklamiert haben, oder wenn die Qualitätskontrolle wiederum Teile gesperrt hat. Selbstkontrolle war ein Fremdwort, und wäre außerdem gar nicht durchsetzbar gewesen. Dann war auch immer die Diskussion, ob diese Ausschussteile bezahlt werden mussten, oder nicht. Wenn wir die Anerkennung verweigerten, ist der Mann mit dem Betriebsrat zum Betriebsleiter gegangen und hat auf alle möglichen und unmöglichen Ursachen hingewiesen - die Maschine sei zu ungenau, das Material schlecht, usw. usf. - Manchmal hat es ja wirklich gestimmt. Meistens wurde dann für den Mitarbeiter und gegen uns entschieden. Wir wurden oft auch gar nicht angehört.“ "Dann passt man sich dem einfach an und geht auch den Weg des geringsten Widerstandes. Warum sollten wir uns immer unbeliebt machen?" fügt Hans hinzu.

"Wenn ich das recht verstehe, war daran in hohem Maße das alte Lohnmodell schuld", will Sepp nun genauer wissen. "Das müsst ihr mir genauer erklären".
"Ganz einfach", erläutert ihm Hans bereitwillig: "Das alte Lohnmodell hat auf die Qualifikation der Mitarbeiter in gar keiner Weise Rücksicht genommen. Lohnerhöhungen gab es nur auf unseren Vorschlag. Das war für uns einerseits ein großes Machtinstrument, andererseits auch ständig Anlass zu Schwierigkeiten mit den Mitarbeitern und dem Betriebsrat. Der Mitarbeiter hatte gar kein Interesse an einer höheren Qualifikation, weil es ihm deshalb keinen Grundlohnzuwachs garantierte. Der Prämienlohn berücksichtigte nur den Mengenausstoß.

Also waren die Mitarbeiter interessiert, einen so hohen Mengenausstoß zu erreichen wie nur möglich. Auch mit Tricks. Die Schnittgeschwindigkeiten wurden unzulässig erhöht, Wendeschneidplatten gewechselt, wenn es noch gar nicht notwendig war, Vorgabezeiten ständig reklamiert. Da könnte ich noch viel aufzählen. Höhere Schnittgeschwindigkeiten ergeben höhere Belastungen für die Maschine, daher wird sie schneller kaputt. Das war den Mitarbeitern aber gleichgültig. Maschinen in schlechterem Zustand bringen wiederum mehr Ausschuss. Die Zeiten für Wartung und Pflege wurden produktiv genützt. Das wiederum hob den Zeitgrad, weil ja die Regiezeiten automatisch von der Soll-Arbeitszeit abgezogen wurden. Wen wundert es dann, wenn die Maschinen in keinem guten Zustand waren. Die Erhöhung der Losgröße ist eine weitere Folge. Größere Losgrößen bringen anteilsmäßig kleinere Rüstzeiten je Stück, und außerdem steigt der Einarbeitungsgrad, die Arbeit kann schneller ausgeführt werden.“

"Genügt, genügt", unterbricht ihn Sepp, "so genau wollte ich es dann auch nicht wissen. Aber das Lohnmodell allein war aber auch nicht Schuld an unserer Lage?“ "Sicher nicht", gibt Herbert zur Antwort. "Wir haben geglaubt, eine hohe Kapazitätsauslastung ist das Wichtigste. Die Kostenrechnung hat das ja auch unterstrichen. Um eine höhere Liefertreue zu erreichen, haben wir die Übergangszeiten verlängert. Es sollte mehr Zeit für die Arbeit an jeder Maschine zur Verfügung stehen. Das hat aber die Warteschlange vor den Maschinen vergrößert. Deswegen haben wir auch bald die Materialbahnhöfe gebraucht. Fertigung auf Lager sollte die Flexibilität erhöhen. Dafür haben wir ein Hochregallager gebaut.“

Hochregallager! Mir rinnt die Gänsehaut über den Rücken. "Sollte ich nicht kurz nach meinem Eintritt das Hochregallager ausbauen, weil es viel zu klein geworden war", erinnere ich mich. "Damals war von einem Projekt noch keine Spur zu sehen. Und heute steht dieses Hochregallager fast leer.“

"Mutig, wie du dich damals geweigert hast, es zu bauen, aber verstanden haben wir es nicht. Wir haben es damals eher als Katastrophe angesehen: Wo sollten wir in Zukunft mit unseren Teilen hin?“

"Dass wir mit weit weniger Lager auskommen werden, war für uns im Bereich der Utopie, aber wir haben uns nicht getraut, dir zu widersprechen. Dazu haben wir dich noch zuwenig gekannt", so der Tenor der beiden Meister.
"Warum habt ihr euch nicht getraut, mir zu widersprechen", will ich wissen. "Es ist eine Art 'Obrigkeitshörigkeit'. Wir hatten Angst, wir könnten in Ungnade fallen, vielleicht sogar gekündigt werden. Weißt du, wie vielen Vorgängern das den Kopf gekostet hat? Widersprechen oder gar Widerstand leisten kam uns nicht in den Sinn. Außerdem ist es ja deine Verantwortung, da halten wir uns heraus", meint Norbert.
"Interessant", finde ich, "darüber haben wir noch nie gesprochen. Das müssen wir aber schleunigst nachholen. Jetzt aber sollten wir Abendessen gehen, und danach planen wir die morgige Tour. Einverstanden?“ Nickend stehen alle auf und freuen sich auf die Stärkung.

III. Die Vorbereitung

"Ich räume das Geschirr weg, dann haben wir genügend Platz, die Karte aufzulegen", bietet sich Hans freiwillig an. Er brennt schon darauf, die Route für morgen genau durchzugehen. Sepp will bereits die Karte ausbreiten, aber Hans unterbricht ihn kurz: "Stopp, ich will zuerst noch sauber machen. Jetzt geht's."

Die Mannschaft ist rund um die Karte versammelt.
"Wo sind wir jetzt?", fragt Peter.
"Hier", sagt Hans, und deutet mit dem Bleistift auf die in der Karte eingezeichnete Hütte.
"2436 m, da sind wir bereits ganz schön hoch", meint Peter.
"Aber wir wollen auf 3742m", unterbricht ihn Sepp. "Da haben wir ein ganzes Stück noch vor uns."
"So hoch war ich in meinem Leben noch nie", bemerkt Peter.
"Man muss sich eben ständig steigern. Stehen bleiben, und mit dem Erreichten zufrieden sein! Das befriedigt auf Dauer nicht", weiß Hans. Er muss es ja besonders wissen, gilt er doch als besonders ehrgeizig und immer neue Grenzen auslotend.
"Warum?", fragt Peter kurz und sieht Hans an.
"Weil dir sonst langweilig wird", meint Hans. "Ich kann dir das auch nicht besser erklären." Er wendet sich an mich: „Erklär uns doch noch einmal, was es mit dem ‚Flow' so auf sich hat."
Ich nehme ein Stück Papier und beginne darauf zu zeichnen.
„Das ist im Grunde einfach und klar. Ihr werdet es sofort verstehen."
Ich zeichne ein Diagramm: Auf der Abszisse zeichne ich die Herausforderung, und auf der Ordinate die Fähigkeiten. „Was passiert, wenn relativ geringe Fähigkeiten vorhanden sind, aber die Herausforderung groß ist?"
„Unsicherheit!" „Angst, Resignation!" „Überforderung!" „Ich brauche Hilfe!", kommt es gleich quer durcheinander. „Nehmen wir zuerst an, die Herausforderung, die zunächst noch gering ist, passt mit den zunächst noch geringen Fähigkeiten zusammen", gebe ich vor, „was passiert dann?"
„Ich fühle mich, auf einem geringen Niveau zwar, aber wohl."

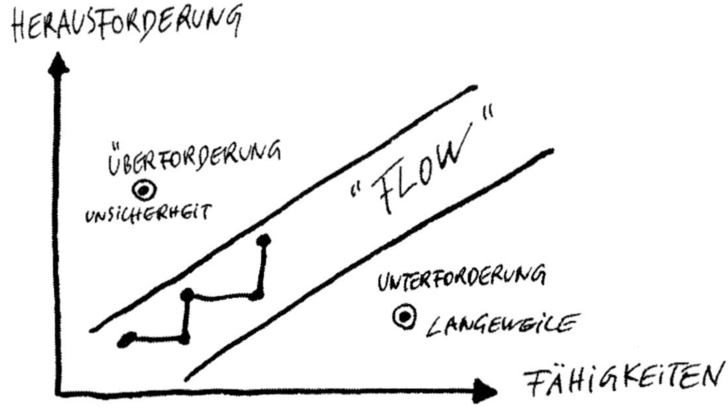

Abb.: Flow-Erleben (nach Csikszentmihalyi)

Ich fahre fort, Fragen zu stellen, deren Beantwortung meine Kollegen zu weiteren Erkenntnissen führen soll: „Und wenn nun die Herausforderung nicht steigt, gleich bleibt, aber die Fähigkeiten aufgrund der täglichen Arbeit, aufgrund des Einübungsgrades, beständig zunehmen?“
„Dann wird mir bald langweilig werden“, weiß nun auch Peter sofort, „dann bin ich unterfordert“.
„Das Diagramm ist interessant“, ereifert sich Sepp. „Das heißt, dass die Herausforderung mit den Fähigkeiten steigen muss! Ich muss mich also auf dieser Linie nach oben bewegen“, und er zeichnet mit dem Bleistift diese Linie ein.
„Genau“, gebe ich zur Antwort. „Csiks*zentmihalyi* nennt diesen Bereich *‚Flow-Kanal'*. Das Geheimnis zufriedener Mitarbeiter, die auch gerne eine Leistung erbringen, besteht darin, sie in den *'Flow-Kanal'* zu bringen, und sie dann dort zu behalten.“
„Aber wie geht das?“, will Alfred wissen. Alfred führt seine Leute sehr gut, er versucht ständig, das Beste aus sich und den Mitarbeitern heraus zu holen. Er handelt so gut wie immer sehr überlegt.
„Ja, wie geht das?“, frage ich zurück.

„Ganz einfach“, meint Hans gleich. „Das haben wir doch bei unserer Planung gesehen: Die hat uns herausgefordert, und wir alle waren hochmotiviert. Im Laufe der Zeit sind auch die Fähigkeiten bei jedem einzelnen von uns gestiegen sind, und auch die Herausforderungen wurden anspruchsvoller. Denkt doch an manches Detailproblem; ich bin sicher, das hätten wir vorher nicht, zumindest nicht so gut lösen können. Für mich stimmt die Theorie von Csikszentmihalyi.“
Peter lacht Hans aus: „So wie heute: Du läufst hochmotiviert voraus, und dafür verrennst du dich. Wie oft hast du Planungen überarbeiten müssen? Aber heute trinken wir auf dein Wohl.“
„Das eine hat mit dem anderen nicht unmittelbar zu tun“, meine ich: „Hans hat schon recht. Dass man den einen oder anderen Irrweg in Kauf nimmt, hat noch mit einem anderen Phänomen zu tun, das ist die Neugier. Dafür hat Hans auch zuletzt die beste Planung gehabt und musste nach der Umstellung am wenigsten verändern. Es gibt noch andere Möglichkeiten, im *‚Flow-Kanal'* zu bleiben, zum Beispiel ‚Jobrotation'. Wenn ein Mitarbeiter sehr lange Zeit ein und dieselbe Arbeit ausführt, ist er so tief in seinen ‚Spurrillen' gefangen, dass er gar nicht mehr hinaussieht. Er kann die Dinge um sich gar nicht mehr richtig wahrnehmen, geschweige denn verändern. Er ist zwar auf seinem Gebiet ein Spezialist, aber von der Arbeit seines Nachbarn hat er keine Ahnung mehr ist. Er müsste erst lange darauf eingeschult werden. Auch seine Veränderungsbereitschaft in seinem Spezialistentum sinkt ständig, und er läuft Gefahr, dass er die Zeichen der Zeit übersieht und diese nicht nutzt. Spezialistentum macht darüber hinaus einsam, weil es die Kommunikation erschwert. Dies geht bis zu reinem Konkurrenzdenken, und reduziert sich auf die Verteidigung und Rechtfertigung von Verhaltensweisen. Es ist wie bei den Platzhirschen. Dann entsteht Stress! Klar, wenn niemand es so gut wie er selbst machen kann! Niemand versteht Ihn! Er kann sich auch nie frei nehmen! Das führt noch viel weiter: Diese Menschen laufen Gefahr, körperlich, geistig und psychisch ernsthaft zu erkranken. Wichtig ist daher, dass ständig neue Aufgaben, neue Herausforderungen angeboten werden. Dies führt auch zu einer neuen Identität: Ich bin wer, auch wenn ich kein Spezialist bin. Ich bin sogar viel mehr: Ich bin universell einsetzbar, verstehe die betrieblichen Abläufe und werde so zum Kollegen, und nicht zum Konkurrenten. Ich bin gleichwertiger

Gesprächspartner, werde auch als solcher akzeptiert, und ich kann dadurch zu besseren Lösungen beitragen. Ich kann kollegiale Hilfestellung geben, und habe es nicht mehr nötig, meinen Kollegen von oben herab zu begegnen. Wer das einmal erlebt hat, spürt den enormen Energiegewinn im eigenen Körper und die Lust an der eigenen Arbeit."

„Ich spüre Lust auf morgen! Das wird meine Job-Rotation. Welche Möglichkeiten haben wir?" Josef ist schon sehr beunruhigt. Wird er sich seine erste leichte Kletterei zutrauen?
„Gibt es einen anderen, leichteren Aufstieg auch noch?", fragt er gleich ausweichend.
„Von hier aus haben wir realistisch gesehen nur zwei Möglichkeiten", erkläre ich. „Der Normalweg, er führt hier herauf, über die *Schere*, den Gletscher herüber zum Grat, und entlang diesem zunächst zur *Adlersruh*. Von der *Adlersruh* geht's dann über das *Glocknerleitl* zum Ostgrat, diesen hinauf zum Kleinglockner, und dann über die schmale Scharte zum Großglockner. Da ist es dann nicht mehr weit."
„Wie schwer ist es über den Grat?", will Josef wissen. Etwas Schweiß steht ihm auf der Stirn, bemerke ich. „Nicht schwer", gebe ich zur Antwort, „und bei den schwereren Stelle sind Seile gespannt, da kommen alle hinauf. Der Überstieg vom Kleinglockner zum Großglockner ist blöder. Da gibt es keine Sicherung. Und außerdem stehen da immer so viele Leute herum, die sich gegenseitig bedrängen. Jeder hat Angst, wenn er die *Pallavicinirinne* hinuntersieht, und auf der anderen Seite pfeift es auch ganz schön hinunter."
„Muss man dort vorbei?" Josef sucht nervös nach einem Anstieg, den er sich ruhigen Gewissens zutrauen kann. „Ja, dort müssen alle vorbei. Beim Aufstieg über den Normalweg gleich zwei Mal, und beim Aufstieg über den Stüdlgrat nur beim Abstieg."
„Wir gehen aber schon den Stüdlgrat", lässt Hans keinen Zweifel aufkommen.
„Lass ihn einmal erklären, wie es dort weitergeht", unterbricht ihn nun auch Peter forsch, und nickt mit dem Kopf zu mir.
„Über den Stüdlgrat geht es zunächst einmal den gleichen Weg entlang, bis hierher zur *Schere*", erkläre ich, und fahre den Weg mit der Bleistiftspitze nach. „Dann gehen wir aber nicht über den Gletscher,

sondern hier beginnt der Grat. Zunächst geht es noch leicht, da können wir noch seilfrei gehen, ab hier müssen wir uns anseilen, und hier in etwa ist die Schlüsselstelle. Da haben wir in etwa zwei Drittel des Weges hinter uns gebracht. Dann wird es wieder leichter. Der weitere Aufstieg ist nicht mehr schwer, und dann stehen wir gleich auf dem Gipfel. Der Abstieg geht über den Normalweg."

„Wie schwer ist die Schlüsselstelle?" wollen gleich mehrere auf einmal wissen.

„Etwa drei plus, wenn euch das etwas sagt. Der Stüdlgrat gehört sicher zu den schönsten Anstiegen auf den Glockner. Für einen geübten Bergsteiger ist er ohne größere Probleme zu schaffen."

„Aber auch da gilt dein Diagramm", wirft Josef ein. „Was nützt es mir, wenn die Herausforderung mittelgroß ist, aber meine Fähigkeiten beginnen beim Bergsteigen erst bei knapp über Null", und er zeichnet seinen 'Betriebspunkt' auf dem Diagramm ein. „Ich glaube, ich habe Angst, da bin ich überfordert", erklärt Josef, und blickt dabei in die Runde, als wollte er aus den Augen der anderen Verständnis finden. „Ich schäme mich nicht, dies auch zuzugeben", ergänzt er, nachdem er tief durchgeatmet hat.

„Mir geht es ähnlich", getraut sich nun auch Peter festzustellen, „aber meine Fähigkeiten würde ich ein wenig größer einschätzen. Ich glaube, ich bin am oberen Rand des *Flow-Kanals*, vielleicht schon draußen, vielleicht aber auch noch drinnen. Das kann man doch nicht so genau sagen."

„Was sagt dir dein Gefühl?", fragt nun Norbert.

„Wenn ich mich auf euch verlassen kann. ... Ich glaube, ich könnte es wagen. Das ist für mich eine extra große Herausforderung."

„Und die bringt dich ordentlich weiter, wenn du sie geschafft hast", ergänzt gleich Hans, und dreht sich um, um Wein zu holen.

IV. Das Konzept

„Was feiert ihr denn da?", will ein Paar neben unserem Tisch wissen.
„Eine erfolgreiche Umstellung! Wir haben den gesamten Produktionsablauf umgeschmissen, das heißt, neu geplant, und in vier Wochen wieder alle Maschinen aufgestellt", gibt Norbert stolz zur Antwort.
„Und das war erfolgreich?", stellt seine Begleiterin die rhetorische Frage, und streckt interessiert den Kopf nach vorne und macht große Augen. Sie hält den Atem kurz an und pustet dann heraus: „In vier Wochen? Das war mutig!" In ihrer Sportbekleidung wirkt sie eher, als ginge sie gerade zum Joggen.
Später stellt sich heraus, dass sie Psychologin ist und Veronika heißt. Mir war aufgefallen, dass sie sich schon früher für unser Gespräch interessiert hat.
„Ja, stimmt! Im Nachhinein betrachtet war es wirklich mutig. Vor allem von Herrn Hofer. Er muss viel Vertrauen in uns gehabt haben." „Wir haben dafür kürzlich eine Auszeichnung bekommen", ist auch Hans sichtlich zufrieden. „Für die Neuorientierung der gesamten Produktionslogistik."
„Ich habe da ein bisschen mitgelauscht", gibt die Dame offen zu, „aber ganz genau weiß ich noch immer nicht, worum es dabei gegangen ist".
„Ich will es ihr erklären", sagt Herbert, halb der Gruppe zugewandt, so als würde er um Zustimmung bitten, halb zu Veronika.

„Wir hatten immer das Problem, dass wir unsere Teile, die die Montage benötigte, nicht rechtzeitig herstellen konnten. Den Rückstand zwischen Ist-Montageplan zum Soll-Montageplan haben wir in so genannten 'Verlustarbeitstagen' gemessen. Da kam bis zum Ende des Jahres ganz schön was zusammen. Das war für uns dann nicht sehr angenehm, wieder einmal an Allem und Jedem schuld zu sein. Herr Hofer konnte da ganz schön Druck machen, aber Lösung hat er auch keine gewusst." „Und wie ging es dann weiter?", wollen die beiden wissen. „Dann ist Michael zu uns gekommen. Er hat sich zuerst alles einmal angeschaut, und er hat dann versucht, mit uns mehr ins Gespräch zu kommen. Am Anfang haben wir ihm nicht so getraut, weil bis dahin alle Vorgesetzten sehr autoritär geführt hatten. Dass es auch anders gehen könnte, wollten wir gar nicht wahrhaben."

„immer wieder die gleichen Muster", wirft Veronika kurz ein und schweigt wieder, als wollte sie auf eine Reaktion warten. Nachdem alle Blicke sie auffordern, zu erklären, was sie denn damit meint, holt sie zu einem kleinen Spontanvortrag aus: „Das kommt doch schon von der Erziehung! Wir alle haben gelernt, der Chef ist etwas besonderes, der hat immer Recht. Diese Autoritätsgläubigkeit und Unterwürfigkeit wurde ja besonders früher allen Menschen schon in die Wiege gelegt. Das ist eine Frage der *indirekten Konditionierung*! Je stärker und je länger diese Unterwürfigkeit in einer Gesellschaft besteht, desto eher wird sie als normal und damit richtig angesehen. Macht und Autorität wird doch immer in einem Atemzug genannt, obwohl das zwei verschiedene Dinge sind. Unter Autorität wird meist fälschlicherweise *‚repressive Macht'* verstanden, Bestrafung. Wenn ein Mitarbeiter dies und jenes tut oder nicht tut, droht ihm die Kündigung, oder ähnliches. Ein anderes Muster, das wir noch gelernt haben, ist die Belohnung. Wenn wir dies und jenes tun, bekommen wir mehr Lohn, werden befördert, usw. Das Tun musste sich aber dem Willen des Chefs – also des Mächtigen – unterordnen. Das nennt man dann *'kompensatorische Macht'*. Also handeln wir immer so, dass wir entweder nicht bestraft werden, oder dass wir belohnt werden. Und wenn dann einer kommt, der nicht so ist, sind alle verunsichert. Kann der wirklich so sein? Und weil sein Verhalten in kein bestehendes Muster hineinpasst, ist man zuerst skeptisch, lässt ihn nicht näher kommen, und verhält sich nach dem bisher gelernten Muster."

„Wie ist das nun mit Autorität und Anerkennung?", will ich wissen.

„Zu den zwei Arten von Macht, die ich schon erklärt habe, kommt eine Dritte: die *‚konditionierte Macht'*, die Macht der Überzeugung. Konditionierte Macht ist immer freiwillig, auch wenn sie manchmal mit den subtilsten Methoden arbeitet. Autorität hat mit Freiwilligkeit zu tun: Ich anerkenne einen Menschen als Autorität, wenn ich seine Ansichten teile, wenn ich mich damit identifizieren kann, wenn ich mich von ihm verstanden fühle, wenn ich ein Maß an Sicherheit erwarten kann. Autorität hat für mich mit Kompetenz zu tun: Demjenigen, dem ich fachliche, organisatorische, persönliche Fähigkeiten zuspreche, von dem ich mich geführt fühle, der hinter mir steht und meine Existenz sichert, diesem Menschen spreche ich automatisch auch eine Autorität zu."

„Das hat bei uns ziemlich lange gedauert, bis die letzte Skepsis gewichen ist", fährt Herbert fort. „Vielleicht hat es uns zusätzlich verunsichert, dass Michael von Anfang an so schnell und direkt auf uns zugegangen ist. Dabei haben wir auch einiges falsch gedeutet. Heute weiß ich, dass es die Dinge waren, die eben nicht in unsere Denkmuster hineingepasst haben, also durfte es auch so nicht sein. Mit ein paar Dingen hat er radikal Schluss gemacht, zum Beispiel mit der kurzfristigen Nachverfolgung. Das war uns ganz recht! Uns wurde doch die ganze Zeit eingetrichtert, dass wir ständig kontrollieren sollten. Jetzt sollte Kontrolle plötzlich kontraproduktiv sein! Das haben wir zunächst nicht begriffen. Und dann hat er auch gleich für alle Meister eine Weiterbildung veranlasst. Die ‚neue' Führung sollte doch verstanden werden, denn nur so kann sie gelebt werden. Sie fragten sich, wie sie denn bisher geführt haben, und wie sie den Unterschied meistern können. Sie waren einerseits sehr verunsichert, weil sie glaubten, für nicht fähig genug angesehen zu werden, andererseits hat sich zum ersten Mal jemand für sie interessiert. Die fühlten es heiß-kalt den Rücken hinunter laufen. Dass sich jemand für ihre Interessen und Anliegen interessiert, ist ja gut. Aber was wäre, wenn ihre Fähigkeiten als zu gering angesehen würden? Müssten sie dann gehen? Die Meister waren wirklich verunsichert. Und nach der Schulung sollte auch noch gleich eine Schulung über Fertigungsplanung und –steuerung anschließen. Die ‚neue' Logistik' verstehen!"

„Kurzfristige Nachverfolgung? Das klingt ja sehr nach totaler Kontrolle", wirft Veronika ein. „Wie ist es dabei den Arbeitern ergangen? Die fühlten sich doch begrenzt und eingeschränkt!"
„Das wissen wir nicht", gibt sich Hans gleichgültig, „danach hat nie jemand gefragt."
„Diese Kontrolle nimmt doch jedem Mitarbeiter allen Spielraum. Mit dieser Vorgehensweise richtet ihr den Blick nur auf Fehlleistungen, aber nicht auf Dinge, die gut gemacht wurden. Die Folge ist Bestrafung wie bei der vorhin angesprochenen *‚repressiven Macht'*. Wie würdet

ihr euch dabei vorkommen?", fragt sie, den Blick den Meistern zugewandt.
„Warum siehst du uns an?", gibt Hans verwundert zurück, „so als ob wir die Bösen wären. Wir konnten ja auch nichts dafür, sondern mussten das ausführen. Uns waren ja genauso die Hände gebunden."
„Die Anerkennung bleibt gänzlich aus", fährt Veronika fort und erklärt ihre Ansicht jetzt in Bezug auf das erzählte Projektgeschehen: „Sie würde auch von den Arbeitern gar nicht mehr wahrgenommen – und auch nicht wahrgenommen werden können, weil sie nicht erwartet wird und auch nicht erwartet werden kann. Erfolgt sie trotzdem, erscheint sie nicht echt und ehrlich. Das mangelnde Selbstwertgefühl lässt Anerkennung auch gar nicht mehr zu. Das Verhalten des Mitarbeiters ist nur darauf gerichtet, keinen weiteren Repressionen ausgesetzt zu sein. Sich selbst erlaubt er, ‚Schlupflöcher' zu finden, um der nicht anerkannten *‚repressiven Macht'* eins auszuwischen und für sich Vorteile zu erlangen. Er unterwirft sich dieser *‚Macht'* nur, weil er muss, zum Beispiel wegen der sozialen Absicherung, oder weil er sich größere Vorteile erwarten kann, wie zum Beispiel eine bessere Bezahlung. Ich nehme an, die Fluktuation wird auch relativ hoch gewesen sein."
Zustimmendes Nicken in der Runde.
Und dann fährt sie fort: „Informationsmängel werden in so einer Situation meist auch nicht mehr behoben. Der Mitarbeiter hört euch gar nicht mehr richtig zu. Innerer Widerstand, Informationen auch aufzunehmen, macht sich durch die Ablehnung der Person des Kontrolleurs breit. Es entsteht ein Teufelskreis. Wird dieses Verhaltensmuster nicht von beiden Seiten erkannt, kann keine Veränderung eintreten."
„Interessant! Da wird mir nun einiges klarer. Von dem haben wir früher zwar nichts gewusst, aber es hat sich doch verändert. Langsamer vielleicht", meint Norbert.
Und Hans fügt ironisch hinzu: „Vielleicht hat der Veränderungsprozess gar nicht gewusst, dass wir nicht wissen, dass wir das wissen müssten." Er will damit die Bedeutung der letzten Aussage von Veronika abschwächen, sie in den Bereich dessen verweisen, was man notwendigerweise nicht wissen muss. Und erläuternd fügt er hinzu: „Praxis ist, wenn alles funktioniert, und niemand weiß, warum."

Ich unterbreche Hans: „An deiner Bemerkung fällt mir auf, dass gerade jetzt dir nicht bewusst ist, dass in unserem Gespräch etwas sehr Wichtiges geschieht: Diese Phase kann man '*Integrationsphase*' oder '*vernetztes Denken*' nennen. Wir alle blicken aus der Vogelperspektive auf unser gemeinsames Projekt. Die neuen Informationen, die wir gerade hörten, geben uns theoretische Inhalte, die unsere Vogelperspektive erweitern. Jetzt haben wir die Möglichkeit, den Veränderungsprozess in seiner Bedeutsamkeit differenzierter und damit ganzheitlicher zu erfassen. Diese Vernetzung von Erfahrungen, Erlebnissen und theoretischen Inhalten stärken uns und kräftigen uns für die nächsten Hürden, indem wir Weitblick bekommen."

„Wie ging es dann weiter?", fragt Veronika neugierig.
Sepp bekommt leuchtende Augen, er fühlt sich angesprochen, und er erzählt: „Dann wurde endlich in eine Verbesserung des Leitstandes investiert. Damit konnten wir noch genauer planen. Wir wussten nun auch, in welchen Materialbahnhöfen welche Teile gelagert waren."
„Und das Ergebnis war", unterbricht ihn Hans, „dass ihr eineinhalb Mitarbeiter mehr gebraucht habt als vorher, nur zur Dateneingabe. Und dass die Staplerfahrer immer aufschreiben mussten, wo sie welche Teile eingelagert hatten. Dafür haben sie so viel Zeit gebraucht, dass wir sehr oft warten mussten. Die sollten Stapler fahren und nicht eure Schreibarbeiten erledigen!"
Ich wundere mich, wie schnell alte Gräben wieder aufgerissen sind und Gegensätze aufeinanderprallen. Auch Norbert nickt: „Das hat doch nie gestimmt. Der laufende Materialfluss von einem Arbeitsplatz zum Nächsten war für uns wichtiger. Die Teile mussten weg- und hergeschafft werden. Also haben wir den Staplerfahrern aufgetragen, die Transportscheine nachher auszufüllen, und das stimmte dann oft nicht mehr. Das Ergebnis hat den Aufwand nicht gelohnt." „Wenn ihr euch nicht an die Anweisungen haltet, dann können wir ja nichts dafür", verteidigt sich Sepp, „und außerdem habt ihr euch auch an unsere Vorgaben nicht gehalten." „Darüber haben wir uns vorhin schon unterhalten", will Hans an sein früheres Verhalten nicht mehr erinnert werden. „Das ist ausdiskutiert." Damit setzt er den Schlusspunkt unter diese Debatte.

„Aber wenn das so weitergegangen wäre, wie ihr es jetzt beschreibt, würdet ihr heute wohl nicht da sitzen und feiern“, gibt Manfred zu bedenken. Manfred ist Geschäftsführer seines Mittelbetriebes. Er ist daher besonders interessiert. Viel von dem, was er hört, kommt ihm bekannt vor. Er will alles immer möglichst genau erfahren und prüft im Geiste, was er von dem, was er hört, für sich und seinen Betrieb anwenden könnte.

„Michael hat mich gleich nach Neujahr angerufen“, erinnert sich Alfred, „und er hat mich gefragt, wann ich das nächste Mal in das Hauptwerk käme. Als ich ihn nach dem Grund fragte, hat er mir dann von seiner Idee erzählt, und dann haben wir gleich einen Termin vereinbart. Alle wesentlichen Führungskräfte waren bei dieser Besprechung anwesend. Zuerst habe ich mich gewundert, dass der Betriebsrat auch dabei war, aber im Laufe des Projektes wurde mir klar, dass dies eine wichtige Grundlage war. Die Akzeptanz von Seiten der Mitarbeiter war wesentlich besser, weil sie einen Vertreter in diesem Gremium hatten. Michael hatte ein Konzept mit zehn bis zwölf Seiten ausgearbeitet gehabt, und das hat er uns erklärt. Zuerst erläuterte er die Ziele, allen voran die Liefertreue. Dann erklärte er, wie wir die Ziele erreichen könnten.“

„Irgendwie schien es so logisch und einleuchtend zu sein, fast schon zu simpel“, fügt Peter hinzu. „Es war nur ein grobes Konzept, das mussten wir in allen Einzelheiten durchdenken und planen. Dazu haben wir eine Projektgruppe gebildet, und die hat sich alle zwei Wochen zu einem Fixtermin getroffen.“

„Dieser Termin war jedem heilig“, ergänzt Hans.

„Ja, weil wir auch wussten, dass bald etwas geschehen musste. Der Druck von Herrn Hofer war schon sehr groß“, gibt Peter noch dazu.

„Was waren die wesentlichen Elemente des neuen Konzeptes?“, will Manfred wissen.

„Wesentlich und für uns ganz neu war, dass mehr Verantwortung nach unten delegiert werden sollte, und dass wir die Feinsteuerung selbst übernehmen sollten. Das war für uns Meister wichtig. Damit hören endlich die Diskussionen mit der Fertigungsplanung auf, hofften wir“, erläutert Hans eifrig. „Plötzlich waren wir wichtig und gefragt. Jeder von uns sollte ein kleiner Betriebsleiter werden. Der ganze Betrieb aufgesplittet in kleine Fabriken. *'Fraktale Fabrik'* würde das Professor Warnecke heute nennen, aber davon haben wir damals nichts gewusst, auch nichts von *'lean production'*. Ich glaube, wir haben das Rad neu erfunden, vielleicht sogar die eine oder andere Speiche eingefügt." Hans ist sichtlich stolz, und er fährt fort: „Jede kleine Fabrik sollte aus einzelnen Teams bestehen, die möglichst selbständig ganze Komponenten herstellen sollten. Unterstützt wird jede Einheit von einem Mitarbeiter der Fertigungssteuerung, aber nicht mehr zentral, sondern dezentral. Der Fertigungssteuerer gehört zur Fertigungseinheit und soll unterstützend mitwirken."

„Wenn jede Fertigungseinheit ihre Komponenten selbst herstellen soll, musstet ihr dann nicht weitere Maschinen anschaffen? Das geht sich doch nicht aus, wenn die vorhandenen Maschinen aufgeteilt werden, und alle Arbeitsgänge können trotzdem von allen Teams gefertigt werden", gibt Manfred zu bedenken.

„Das haben wir natürlich bei der Planung berücksichtigt. Michael hat vorgegeben, dass A-Maschinen, also die großen, teuren CNC-Bearbeitungszentren nicht angeschafft werden würden, dass B-Maschinen bei besonderer Wirtschaftlichkeit und C-Maschinen ohne größere Bedenken angeschafft werden könnten: Das heißt, wenn sie im Materialfluss zweckmäßig wären, würden sie angeschafft."

„Wenn die aber nur sehr wenig ausgelastet sind, werden die dann nicht sehr teuer? Das gibt doch einen hohen Stundensatz?"

Ich fühle mich fast wie amüsiert; auf diese Frage habe ich beinahe gewartet. Dieter spürt förmlich meinen auf ihn gerichteten Blick. Das ist auch heute immer wieder unser Thema, denn an dieser Denkweise halten sie gerne fest.

„Darüber haben wir auch schon oft diskutiert", bricht es aus Dieter hervor, „und wir sind uns nicht ganz einig. Rein von der Kostenrechnung gesehen ergibt sich ein zum Teil sehr hoher Stundensatz, selbst für einfachste Bohrmaschinen. Zieht man diese Stundensätze für die Kalkulation heran, ergeben sich zum Teil wesentlich höhere Herstellkosten. Die Schwierigkeit liegt darin, dass Kosten für 'fließendes Material', vereinfachte Fertigungssteuerung, kürzere Durchlaufzeiten, höhere Liefertreue, mehr Flexibilität und anderes mehr einfach nicht mit vertretbarem Aufwand bewertet werden können. Die dadurch höhere Produktivität ist schwer zu ermitteln. Der

Stundensatz dagegen kann leicht errechnet werden: Jährliche Abschreibung dividiert durch Jahreskapazitätsbedarf. Aus fertig! Da greift unsere traditionelle Kostenrechnung zu kurz..."
"... und das führt immer wieder zu Fehlentscheidungen", unterbreche ich ihn, „damit habe auch ich meine liebe Not gehabt. Prozesskostenrechnung ist angesagt; die bringt die richtigere Entscheidungsgrundlage! Da war einiger Erklärungsbedarf notwendig, dass es billiger ist, mit Maschinen zu arbeiten, die wenig ausgelastet sind, und dafür ein guter Materialfluss erreicht wird, anstatt mit wenigen ausgelasteten Maschinen. Die Investitionsfreigabe für eine Maschine zu bekommen, die von der Kapazität her gar nicht notwendig wäre, verlangt schon viel Verständnis vom Vorgesetzten. Die Frage der Kapazitätsauslastung und des Durchsatzes ist überhaupt ein Kapitel für sich", gebe ich zu bedenken. „Ich komme gleich wieder, und dann erkläre ich euch den Zusammenhang."

„In jedem Betrieb", beginne ich nach einer kurzen Pause, „gibt es einen oder mehrere Engpässe. Unter Engpass verstehe ich jetzt nicht einen kurzfristig auftretenden Engpass, weil vielleicht eine Maschine ausgefallen ist, oder ein Ausschuss nachgearbeitet werden muss. Vielmehr das sind jene Maschinen, deren Quotient aus Kapazitätsbedarf pro Zeiteinheit – meist ein Jahr für die Kapazitätsgrobplanung – und verfügbarem Kapazitätsbestand in der gleichen Zeiteinheit einen Wert nahe eins, das heißt an die 100 Prozent, ergibt, manchmal sogar auch darüber. Wenn der Kapazitätsbedarf größer ist als der Kapazitätsbestand, dann müssen entweder Arbeiten verlagert werden, oder es muss an diesen Maschinen Mehrarbeit – zum Beispiel eine zusätzliche Schicht - geleistet werden. Diese Maschinen kann man für jedes Produkt, für jede Baugruppe ermitteln. Sie, und nur sie bestimmen den maximalen Ausstoß."
„Das machen wir einfacher", meint Manfred, „wir zählen den Kapazitätsbedarf aller Betriebsmittel zusammen und dividieren durch den gesamten Kapazitätsbestand durch. Wenn das einen Wert unter eins ergibt, sind wir nicht ausgelastet, und der Verkauf wird angehalten, seine Prognosen nach oben zu erhöhen."
„Und dann wundert ihr euch, wenn ihr mit der Produktion nicht zu Rande kommt, und wenn ihr laufend Überstunden machen müsst",

lächelt Josef verschmitzt, denn er kennt dieses Thema schon zur Genüge aus eigener Erfahrung.

„Ja, aber das verstehen wir nicht, wieso?"

„Weil ihr mit der Durchschnittskapazität rechnet, anstatt mit der Engpasskapazität. Darin liegt ein großer Unterschied. Wenn zwei Autofahrer mit ihrem Fahrzeug – das eine fährt sehr schnell, sagen wir 150 Stundenkilometer, das andere langsamer, etwa 100 Stundenkilometer – von Salzburg nach Wien fahren müssen, um dort einen gemeinsamen Termin wahrzunehmen, so hilft es dem Schnelleren nichts, ordentlich Gas zu geben. Dann ist er zwar früher dort, aber er muss sein Auto abstellen und warten, bis der Langsamere nachkommt. Das entspricht dem Stillstand einer Maschine. Oder er verbringt die Wartezeit damit, durch die Gegend zu fahren, und das bedeutet sinnlose Kosten. Dann kannst du auch nicht die Geschwindigkeiten mitteln und sagen: Sie brauchen zwei Stunden bis Wien, sondern du musst den langsameren Wagen als Maß heranziehen. Der schnellere Wagen kann langsamer fahren, oder er bleibt zwischendurch stehen. Genauso verhält es sich mit der Kapazität: Die Durchschnittskapazität ist immer höher als die Engpasskapazität. Im Idealfall ist sie gleich, aber dann gibt es auch keinen Engpass mehr, sondern wir haben es mit einer idealen Fließfertigung zu tun. Denk dir eine Rohrleitung", sage ich zu ihm, und zeichne sie auf ein neues Blatt Papier.

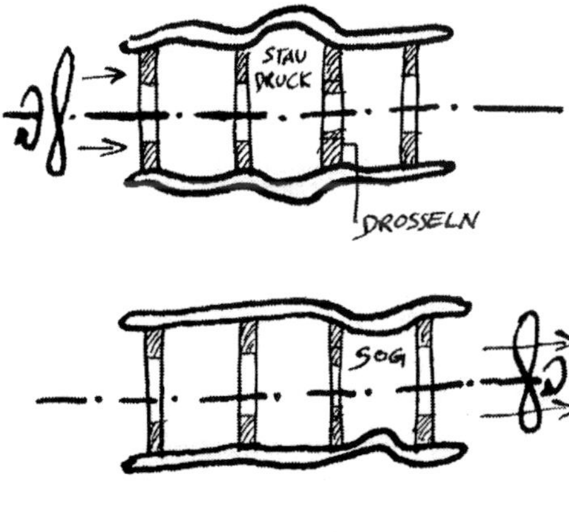

Abb.: Druck- versus Sogprinzip in bezug auf die Werkstattsteuerung

"In diesem Rohr sind Drosselklappen angebracht, das Rohr selbst besteht aus einem weichen Gummi. Wenn ich jetzt am Anfang des Rohres Wasser hineinpumpe - mit einigem Druck, nehmen wir an - was tut sich dann?"
"Die dritte Drossel bestimmt den Durchfluss. Die Gummiwand vor der dritten Drossel wird sich ausbeulen, dann vor der zweiten, und zuletzt vor der ersten Drossel." "Wie sieht es im Bereich der vierten Drossel aus?", frage ich weiter.
"Dort herrscht der gleiche Druck wie im Bereich der dritten Drossel, von etwaigen Verlusten abgesehen. Dort kommt natürlich auch nicht mehr durch, als durch die dritte Klappe."
"Du siehst, der Engpass ist die dritte Drossel. Nur sie bestimmt den Durchfluss. Wenn du die Durchmesser aller vier Drosseln mittelst, kommst du zwar auf einen theoretischen Wert, der aber keinerlei Praxisrelevanz hat. Wenn der Engpass beseitigt werden soll, muss entweder die Drossel aufgebohrt oder ein Bypass gemacht werden. Stell dir nun vor, du würdest nicht am Rohrbeginn Flüssigkeit hineinpumpen, sondern am Ende Flüssigkeit absaugen? Was geschieht dann?", frage ich.
"Das Rohr zwischen dritter und vierter Drossel würde sich einbeulen, weil ein Unterdruck entsteht. Der würde dafür sorgen, dass genügend Flüssigkeit zum Engpass gelangt, aber nicht soviel, dass es sich davor staut. Vor der dritten Drosselklappe ist wiederum der gleiche Druck."
Manfred brütet eine Weile über der Skizze. „Wenn ich mir das so überlege, dann heißt das doch, dass bei der zweiten Art der Durchflussregelung zwar das gleiche herauskommt, aber dass sich weniger Flüssigkeit im Rohr befindet. Das ist aber interessant! Das heißt, weniger Material in der Fertigung, weniger Platzbedarf, damit also mehr Raum, weniger Transportbehälter, mehr Übersicht... Das ist doch ein ungeheurer Vorteil!"
"Ja, diesen Vorteil haben wir uns zunutze gemacht", bemerkt Alfred. "Heute ist Kapazitätsauslastung nur mehr bei Engpassmaschinen wichtig, dafür hier aber in höchstem Maße. Sie müssen genau verplant und gesteuert werden. Ansonsten gibt es die 'Zugsteuerung', wie wir sie nennen. Dadurch wird ein gleichmäßiger Ausstoß erreicht, die Durchlaufzeit wird kürzer, weil es keine 'Staus' gibt. Durch die

Teamfertigung werden auch gleich mehrere Arbeitsgänge, die früher zeitlich auf mehrere Tage aufgeteilt waren, unmittelbar hintereinander gemacht. Dabei sind mehr Arbeitsplätze in einem Team als Mitarbeiter; das heißt, die Mitarbeiter müssen springen, sie müssen mehrere Arbeitsplätze beherrschen."

"Wie? Da geht der Mitarbeiter von seinem Arbeitsplatz weg und macht eine andere Arbeit?", schüttelt Manfred den Kopf. "Warum sollte er dies freiwillig machen? Hat er ein Interesse daran?"
"Jetzt schon", überzeuge ich ihn, "er hat heute einen ganz anderen Bezug zu seinem Arbeitsnachbarn als früher, seine Einstellung ist eine ganz andere. Ein Mitarbeiter, der schon mehr als zehn Jahre an der gleichen Maschine steht, lernt, wenn er mit seiner Arbeit fertig ist, dass er dem Mann an der anderen Maschine, der noch nicht fertig ist, helfen kann. Früher hätte er sich gedacht: Dieser langsame Kerl ist noch nicht fertig, aber ich bin fertig. Und hätte ihm bei der Arbeit zugesehen, oder hätte sonst irgendetwas gemacht. Heute geht er hin und hilft ihm, weil beide - das ist ihnen zumindest heute bewusst - die gleichen übergeordneten Ziele haben. Früher haben die Arbeiter untereinander konkurriert, jetzt sollen sie plötzlich zusammenarbeiten. Das kostet einiges an Überwindung, und einige von ihnen sind da schon ganz schön ins Schwitzen gekommen.
Was die Zusammenarbeit allerdings unterstützt ist, dass heute der Lohn des Mitarbeiters ganz anders aufgebaut ist: Der Grundlohn berücksichtigt auf der einen Seite die Fähigkeiten des Mitarbeiters, auf der anderen Seite die Anforderungen an ihn. Je höher die Fähigkeiten, und je höher die Anforderungen, desto höher ist sein Grundlohn."
"Wie werden die Fähigkeiten gemessen?"
"Messen geht nur sehr schwer, darauf haben wir uns nicht eingelassen! Die Fähigkeiten werden in verschiedene Fähigkeitsklassen unterteilt, bei uns sind es sechs. Der Vorgesetzte, im Fall der Arbeiter ist das ihr Meister, beurteilt, in welche Klasse der Mitarbeiter eingestuft wird."
"Und der Mitarbeiter ist damit einverstanden?"
"Natürlich beurteilt der Meister nicht allein, und vor allem nicht im stillen Kämmerlein, sondern er zieht den Teamleiter in seine Überlegungen mit ein, und die Beurteilung erfolgt in einem persönlichen Gespräch mit dem Mitarbeiter."

"Das wird ja immer interessanter. Wir benötigen wahrscheinlich noch die ganze Nacht, um dieses Modell auszudiskutieren. Der Meister kann doch nicht die Fähigkeiten des Arbeiters pauschal einer der sechs Stufen zuordnen, wenn der Mitarbeiter flexibel sein und mehrere Arbeitsplätze beherrschen soll?"
"Der Meister beurteilt ihn auch für jede Tätigkeitsart eigens. Der Mitarbeiter soll eine bestimmte Anzahl von Tätigkeiten beherrschen. Bei uns ist das mit vier festgelegt, da er ja auch einen bestimmt Einübungsgrad behalten soll. Hätte er mehr Möglichkeiten, so bestünde die Gefahr, dass er zum Beispiel eine Tätigkeit kaum noch ausführt, und diese beherrscht er dann eben nicht sehr gut. Jede dieser Tätigkeiten wird für sich beurteilt und danach ergeben sich seine Punkte. Die Anzahl der Punkte ergibt den Grundlohn."
"Kann sich die Punktesumme im Laufe der Zeit verändern?"
"Natürlich! Wenn der Mitarbeiter seine Fähigkeiten steigert, oder wenn er neue Tätigkeiten dazulernt, steigt auch seine Punktezahl."
"Das steigert sich dann nach Laune des Mitarbeiters?"
"Nicht ganz. Denn erstens kann er nur für maximal vier Tätigkeiten Punkte bekommen, und da müssen zwei niederwertige Tätigkeiten auch dabei sein. Außerdem muss jeder Meister ein Soll-Fähigkeitsprofil pro Arbeitsplatz ausarbeiten, und danach erfolgt die weitere Schulung der Mitarbeiter bzw. Einschulung neuer Mitarbeiter. Außerdem kann der Mitarbeiter nur in jeweils zwei Tätigkeiten die Ausführungsstufe 4 bekommen."
"Jetzt wird es mir zu kompliziert! Das musst du mir aufzeichnen. Ich habe das Gefühl, so ein Lohnmodell könnte auch für uns interessant werden."
"Ich zeichne es dir gerne auf. Wo geht ihr morgen hin?"
"Den Normalweg."
"Dann sehen wir uns morgen ohnehin wieder. Können wir das weitere Gespräch auf morgen verschieben?"
"Ohne weiteres. Wo ist nur die Zeit geblieben? So spät schon!"
"Ihr habt auch den Wetterbericht für morgen nicht gehört. Wird es so bleiben?"
"Keine Ahnung, aber ich glaube schon."
"Ihr geht den Normalweg", stellt Josef erleichtert fest, "dann könnte ich mich ja euch anschließen, Klettern ist nichts für mich."

V. Der Weg zum Einstieg

"Jetzt gehen auch Josef mit Manfred und Veronika von der Hütte weg", macht uns Hans aufmerksam. Wir sind schon ein ganzes Stück weiter oben und können gerade noch zur Hütte hinuntersehen, bevor wir um den Fels herumgehen, der uns die Sicht versperrt.
"Mir geht ein Gedanke nicht aus dem Kopf", unterbricht Hans nach einer Weile das Schweigen: "Josef geht mit der anderen Gruppe und nicht mit uns! Wie wäre das bei unserem Projekt, wenn einer nicht mitgeht?"
"Gute Frage", meine ich, während ich weiter Schritt für Schritt setze. "Damit muss man immer rechnen. In diesem Fall wäre es mit einem eigenen Weg vergleichbar. Eine Gruppe geht einen eigenen Weg, um zum Ziel zu gelangen. Das ist nichts Außergewöhnliches. Jeder muss für sich seinen 'besten' Weg suchen und diesen gehen. Hier würde das bedeuten, Josef gehört einer anderen Gruppe an, einem anderen Werk, oder gar einer anderen Firma. Er gehört dann aber nicht mehr zu unserer Gemeinschaft."
"Indirekt hat er uns auch gekündigt, und sich der anderen Gruppe angeschlossen", meint Sepp.
"Wie Robert", wirft Hans mit etwas Schadenfreude ein, "nur war es bei ihm nicht ganz freiwillig."
„Wie meinst du das?" will Norbert wissen.
"Ich meine: Robert ist ein gutes Stück mit uns gegangen, und dann ist er nicht mehr so recht mitgekommen. Zuletzt hat er uns schon stark behindert. Er konnte sich mit einigen Dingen nicht abfinden, und andere hat er nicht wirklich verstanden."
"Du meinst, er ist mit seinem Machtverlust, wie er es offenbar fühlte, nicht zu Rande gekommen?", fragt Alfred, und er bringt gleich seine Sichtweise: "Für mich hätte gar nichts besseres passieren können. Die Unselbständigkeit von früher ist mir manchmal ganz schön auf die Nerven gegangen: Wegen allem und jedem haben sie mich gefragt. Ich wollte sie immer schon mehr selbst entscheiden lassen, aber sie waren einfach nicht reif genug dafür."
"Nein, Robert hat den Machtverlust nicht verkraftet. Mit der Verantwortung und Kompetenz, die wir erhalten sollten, hätte er uns

nicht länger kommandieren können. Aber interessant, auf welche Art und Weise er versuchte, das Projekt in seine Richtung zu steuern: Anfangs ganz subtil und unauffällig, später, als er gesehen hat, dass es nicht in seine Richtung geht, immer offener."
"Das hat ihm aber letztlich nur selbst geschadet. Michael hat das gesehen und dann versucht, eine neue Aufgabe für ihn zu finden. 'Ein fauler Apfel kann alle Äpfel im Keller verderben', sagt ein Sprichwort. Josef als Nachfolger von Robert hat uns dann viel stärker unterstützt, aber auch er wollte damals seine bekannten Wege gehen."
"Das kann ich mir schon vorstellen. Jeder hat seine Erfahrungen und Vorstellungen, die er verwirklichen will. Er ist später dazugestoßen und hätte sich besser informieren sollen, was alles schon gelaufen ist, und welche Ziele letztendlich verfolgt wurden."
"Das war nur anfangs ein Reibungsverlust, und der kommt fast immer vor", verteidigt ihn Norbert. "Danach hat er uns viel geholfen, vor allem in der Kleinarbeit und in der Umsetzung. Die Planung war zu diesem Zeitpunkt ohnehin schon so gut wie vorbei."

Weiter setzen wir Schritt vor Schritt, und das konzentrierte Nachdenken über wesentliche Entwicklungen unseres Projektes hält das Gespräch in Gang, obwohl das Gelände steiler wird.
"Was macht Robert eigentlich jetzt?", erkundigt sich Alfred.
"Das war ein ganz guter Schachzug", meint Hans. "Mit seinen guten Produkt- und Produktionskenntnissen ist er der ideale Mann für den Ersatzteilverkauf und für die Supersonderteilefertigung. Er konnte dadurch sogar aufsteigen und ist obendrein heute für die Firma wertvoller eingesetzt als früher."
"Das mit dem Apfel leuchtet mir irgendwo ein! Aber warum ist es wirklich so wichtig, dass alle an einem Strang ziehen?" fragt Sepp.
Ich atme tief durch. "An einem Strang ziehen ist gleichzusetzen mit 'gleiche Ziele' haben. Wenn eine Gemeinschaft unterschiedliche Ziele verfolgt, zerfällt sie. Der innere Zusammenhalt ist die Macht einer Organisation. Dieser innere Zusammenhalt ist umso größer, je stärker alle Mitglieder die Ziele akzeptieren und diese zur Prämisse ihres Handelns erklären. Die Identifikation mit den gemeinsamen Zielen wiederum fällt umso leichter, je weniger Ziele vorhanden sind, je klarer sie formuliert sind, und je stärker die Mitglieder selbst an ihrer Findung

mitgewirkt haben. Bei einem demokratischen Prozess zum Beispiel ist ein Teil der Mitglieder mit einer Entscheidung, einem Ziel nicht einverstanden. Sie bemühen sich, andere Mitglieder durch Überzeugung auf ihre Seite zu ziehen. Je stärker es Ihnen gelingt, und je mehr Gruppierungen es gibt, desto instabiler wird die Organisation. Dies kann so weit gehen, dass gar keine Entscheidungen und Maßnahmen mehr getroffen werden können. Die Organisation ist dann nicht mehr steuerbar, sie zerfällt, wenn es nicht gelingt, vorher zumindest ein Mindestmaß an innerem Konsens herzustellen. Gerade bei so einem großen Vorhaben wie wir es durchziehen wollten, muss ein breiter Konsens geschaffen werden. Dies ist ganz besonders wichtig bei mittleren Führungskräften, da sonst eine totale Verunsicherung und Patt-Stellung der unteren Führungskräfte und Mitarbeiter entsteht. Das führt dann zu einer Desorientierung: Keiner weiß mehr, wem er dienen soll."

"Das leuchtet mir jetzt ein", erklärt nun auch Hans, und er gibt zu: "Auch ich habe einmal inneren Druck verspürt. Ich habe mich plötzlich nicht mehr ausgekannt. Mir ist vorgekommen, ich verstehe überhaupt nichts mehr, und wollte mich schon Robert anschließen."

"Und warum hast du es nicht getan?" fragt Norbert nach.

"Ich habe mich damals immer wieder gefragt, ob das, was wir machen, richtig ist. Du kannst es meinetwegen Zielüberprüfung nennen. Ich muss doch euch, vor allem aber Michael, ganz schön mit meinen Fragereien auf die Nerven gegangen sein. Oder habt ihr das gar nicht bemerkt?"

"Bemerkt", wiederholt Sepp halblaut, und fährt lauter fort: "So direkt nicht! Mir haben jedoch deine vielen Fragen sehr zu meinem besseren Verständnis verholfen. Ich glaube, dadurch war eine ständige Entwicklung für mich möglich. Deine dauernden Fragen haben auf mich wie ein Seil gewirkt, an dem ich mich mit meinen Verunsicherungen anhalten konnte. Dadurch habe ich an Sicherheit dazu gewonnen." Sepp ist erleichtert. Er lacht verschmitzt in sich hinein, als hätte er sich dadurch Mühe, Zeit und Nerven erspart.

"Langsam bekomme ich es mit der Angst zu tun", mahnt mich Alfred.

"Wir bleiben gleich stehen und seilen uns an", rufe ich zurück. Das letzte Stück war schon leichte Kletterei, und nun sind wir beim

eigentlichen Stüdlgrat angelangt. "Herbert, du führst die zweite Seilschaft", vergewissere ich mich nochmals.
"Wie ausgemacht", kommt es zurück.
"Jetzt haben wir noch die Möglichkeit, auszusteigen", sagt Alfred, als wollte er die anderen auffordern, nochmals ihr Vorhaben zu überprüfen. "Danach geht es nicht mehr."
Er hat sich diese Frage wohl selbst gestellt, und als niemand reagiert, fragt er mich: "Welche Entscheidungsfreiheit habe ich beim Klettern eigentlich? Da muss ich doch einfach nur nachklettern?"
"Wenn wir einmal davon ausgehen, dass das Ziel, der Berg und auch die Route, die wir gehen wollen, klar und vereinbart sind, ist auch die wesentliche Entscheidungsfreiheit bereits eingeschränkt. Höchstens du entscheidest dich noch vorher, aus irgendeinem Grund, nicht einzusteigen. Da gibt es viele Gründe, doch nicht zu gehen: da ist zum einen das Wetter, bleibt es stabil, aber auch, wie fühle ich mich. Ja, das Gefühl ist eine wichtige Sache. Das Gefühl lügt nicht. Wenn du kein gutes Gefühl hast, dann lass es besser bleiben."
"So habe ich das aber jetzt nicht gemeint", verteidigt sich Alfred. "Mir ist da eben eine Analogie mit unserem Projekt eingefallen."
"Und die wäre?"
"Erzähl du zuerst fertig, dann will ich meine Analogie erklären."
Also fahre ich fort: "Beim Aussteigen bin ich stehen geblieben, besser gesagt, beim Nicht-Einsteigen. Wenn du eingestiegen bist, bleibt dir fast kein Ausweg mehr: Du musst durch. Bei manchen Klettertouren kann man noch abseilen, aber das ist dann meist auch nicht sehr einfach. Die Parole heißt dann einfach: durchhalten, nicht verzagen, kühlen Kopf bewahren. Die Nerven verlieren kann im Ernstfall sehr gefährlich sein. Hinsichtlich vor oder zurück - da ist die Freiheit schon stark eingeschränkt. Die Freiheit verwandelt sich in eine andere Freiheit, einer größeren Freiheit - nämlich jene, die mich das Ziel nicht aus den Augen verlieren lässt. Du kannst mir zusehen, wie ich klettere, welche Schritte ich setze, welche Griffe ich verwende. Und dann kannst du dich entscheiden, ob du die gleichen Schritte und Griffe auch verwenden willst, oder ob du andere setzt. Du kannst Sicherungen setzen, oder diese auslassen, je nach Mut, Risiko und Verantwortung. Das hängt auch immer davon ab, was passieren kann. Du kannst dich auch entscheiden, ob du beim gleichzeitigen Klettern das Seil gespannt

führst und den richtigen Sicherheitsabstand einhältst, oder ob du gleich hinter mir kletterst. Wenn einer von uns beiden dann fällt, hat er soviel Energie, wenn das Seil gespannt ist, dass er den anderen mitreißt. Die gelegten Sicherungen halten dann meistens nicht mehr."
"Das klingt ja wie bei einem Kletterkurs", meint Sepp.
"Eine kleine Einführung kann nicht schaden. Mich würde aber jetzt die Analogie von Alfred interessieren."

"Wir haben uns ein Ziel gesteckt", betont Alfred, und wird auch gleich unterbrochen.
"Ein gemeinsames Ziel", heißt es im Tenor.
"Ja, so ins Detail möchte ich jetzt nicht gehen. Dann konnten wir entscheiden, es zu verfolgen, oder zu verwerfen."
"Richtig", meine ich, "aber viele Möglichkeiten hätten wir nicht gehabt, wir mussten ja etwas verändern."
"Schon", ärgert sich Alfred über die bereits zweite Unterbrechung. Er will offensichtlich auf ganz etwas anderes hinaus. "Wir haben uns dafür entschieden, und dann haben wir in Workshops das Projekt in allen Einzelheiten geplant. Da hätten wir jederzeit noch aussteigen können. Selbst, als wir das neue Layout geplant hatten, war ein Zurück noch möglich. Das war dann nicht mehr der Fall, als die Entscheidung zur Umstellung getroffen worden war, und die ersten Maschinen demontiert waren. Da gab es dann nur mehr ein Vorwärts: Das Aufstellen der einen Maschine hatte die weitere Demontage einer anderen Maschine zur Folge. Das war wie ein Dominospiel: Fällt der eine Stein, fällt auch gleich der Nächste. Bis alle liegen, das heißt, bis alle Maschinen und Arbeitsplätze neu aufgebaut und in Betrieb genommen sind. Wir hatten nur mehr die Entscheidungsmöglichkeit, welche Maschine wir als nächste demontieren beziehungsweise wieder aufbauen, und selbst das war zumindest planmäßig schon vorgegeben. Das ist doch ganz ähnlich wie bei unserer Kletterei", stellt Alfred fest.
Schweigen in der Runde.
"Das ist mir gar nicht so aufgefallen", gibt sich Sepp unwissend.
Die Aussage von Sepp macht mich nachdenklich. "Da bin ich dir für diese Aussage aber sehr dankbar. Du sprichst ganz offen aus, dass dir der Zeitpunkt des *'No return'* nicht aufgefallen ist. Das ist wichtig für mich."

"Warum ist das wichtig?" fragt Sepp zurück.
"Weil ich dadurch für die Zukunft gelernt habe, worauf ich bisher offensichtlich zuwenig geachtet habe. Jeder in der Gruppe muss den Zeitpunkt kennen und erkennen können, wann kein Weg mehr zurückführt. Den momentanen Stand und die nächste Etappe muss jedes Gruppenmitglied kennen."
"Mir war das schon klar", antwortet Norbert. "Ich habe aber unseren eigenen Mut bewundert, in drei Wochen fast alle Arbeitsplätze zu demontieren und sie dann an anderer Stelle wieder aufzubauen."
"In der vierten Woche wieder alles in Betrieb zu nehmen", fügt Hans hinzu, und ergänzt: "Das war aber so generalstabsmäßig geplant; da waren wir überzeugt davon, dass wir das schaffen. Außerdem waren wir vom Nutzen so überzeugt, das hat uns angetrieben."
"Die Verantwortung den Mitarbeitern gegenüber, das war für mich wichtig. Wenn nach dem Betriebsurlaub die Maschinen nicht laufen, dann können wir zusperren, und unsere Papiere holen, das habe ich mir gedacht. Dafür habe ich die Hälfte meines Urlaubs geopfert und geschaut, dass alles wieder läuft."

Herbert hört sich das Gespräch an und stellt dann fest: "Dass wir diese Entscheidung treffen konnten, und es auch getan haben, verstehe ich. Aber wie hast du es zuwege gebracht, dass auch Herr Hofer damit einverstanden war?"
"Das ging natürlich nicht auf einmal", stelle ich klar. "Zuerst stand einmal das nicht näher definierte Ziel im Raum, Alternativen zur bestehenden Fertigungssteuerung zu finden, die einfacher funktionierten. Das war beim Zielfindungsworkshop der Geschäftsleitung. Die Einführung der neuen Software sollte ja noch länger dauern. Ich habe dann nach der Annahme des Konzeptes durch die Gruppe, und als wir mit der Planung schon ein Stück vorangeschritten waren, eine Wirtschaftlichkeitsberechnung durchgeführt. Ich habe euch diese Berechnungen vorgelegt. Könnt ihr euch noch daran erinnern? Robert, Hans und Herbert haben mir dabei geholfen, und Dieter hat alles sauber zusammengestellt."
Nickende Zustimmung lässt mich fortfahren: "Ich habe Herrn Hofer angerufen, und mit ihm einen Termin vereinbart. Dann habe ich ihm das Konzept erklärt, den Stand der Planungen erläutert, erklärt, wer

aller dabei ist. Und zuletzt habe ich ihm die Wirtschaftlichkeitsberechnung vorgelegt."
"Und wie hat er reagiert?", will jeder wissen.
"Gar nicht, zumindest fast gar nicht. Ich war damals ein wenig enttäuscht, etwas unsicher, wie er unser Konzept aufgenommen hat. Die für mich wichtigen Punkte hat er gar nicht angesprochen. Ich glaube, er wusste gar nicht so recht, was er mit diesem Konzept anfangen sollte, das war alles zu neu und unbekannt für ihn. Wie hätte er auch anders reagieren können, das weiß ich zumindest heute. Ich dachte mir, das nächste Mal muss ich das besser machen. Den Beweis dafür bekam ich auch gleich am übernächsten Tag. Er rief mich an und bat mich, sobald wie möglich zu ihm zu kommen. Da hatte er schon eine ganze Reihe gezielter Fragen zusammengestellt gehabt. Ich weiß noch, wie sehr ich mich gewundert habe, was sich Herr Hofer alles vom ersten Gespräch gemerkt hatte. Die Auflösung des Zielkonfliktes, vor allem aber die Tatsache, dass in Zukunft Maschinen stehen dürften, hat ihn sehr beschäftigt. Wenn ich mich richtig erinnere, musste ich ihm das zwei oder gar drei Mal erklären. Ich hatte dann das Gefühl, er hat es verstanden."
"Aber nur das Gefühl", unterbrach mich Hans. "Wirklich daran geglaubt hat er erst viel später, als er die positiven Auswirkungen des Projektes sah. Und nicht einmal da war er sich wirklich sicher."
"Das war für ihn ein gewaltiger Umdenkprozess", verteidigt ihn Herbert. "So einfach geht das nicht, vor allem, wenn man so sehr von seinen Ansichten überzeugt ist. Den Zielkonflikt so aufzulösen, das war doch für ihn ganz neu. Da kalkulierst du jahrelang Produkte und Teile, rechnest die Stundensätze aus, und dann erklärt dir jemand, dass es billiger ist, wenn Maschinen stehen. Das soll einer einmal so schnell kapieren!"
"Darum hat er dann auch seinen Sohn geschickt. Der sollte alle Maschinen, die stillstanden, aufschreiben. Du hast gar keine Ahnung, welche Verunsicherung das bei den Arbeitern ausgelöst hat. Da sind plötzlich alte Ängste wieder aufgetaucht. Es hat alle Meister einige Mühe gekostet, die Arbeiter zu beruhigen und ihnen zu erklären, dass alles in Ordnung sei", hakt Hans nach.
"Und wie habt ihr das damals dann doch so schnell in den Griff bekommen?", frage ich nach.

"Wir haben seinen Sohn ganz einfach davon überzeugt, dass das keinen Sinn hat, und dass die Ziele nur dann erreicht werden könnten, wenn eben Maschinen zeitweise stillstünden."
"Ich hätte es nicht besser machen können", anerkenne ich ihren Mut, und fahre mit meiner Erzählung fort: "Auf jeden Fall hat er damals vorläufig zugestimmt, dass wir die vorgesehenen Maschinen kaufen dürften. Die Wirtschaftlichkeitsberechnung war ihm zu einseitig - wie das aus Sicht der Inhaber oft so ist: Die Ausgaben sind zu hoch, und die Ergebnisse zu gering. Sie wollen halt das Letzte ausreizen. Bei den Ausgaben hatte er recht: Unsere Ansätze für die Umstellung waren viel zu hoch, da ließ er sich kein A für ein U vormachen. Robert hatte sich da zu warm angezogen."
"Da waren wir nicht unbeteiligt! Wir wollten die Kosten auf keinen Fall überschreiten, und haben daher auch alle möglichen Eventualitäten und Störungen eingeplant gehabt; und dann haben wir uns sehr bemüht, die prognostizierten Kosten zu unterschreiten", sprudelt es aus Norbert heraus.
"Insgesamt war zuletzt die ganze Wirtschaftlichkeitsberechnung noch besser, als ursprünglich angesetzt. Aber besser so, als hätte ich erklären müssen, warum das Ziel nicht erreicht wurde."
"Dieter konnte anfangs unsere Wirtschaftlichkeitsberechnung kaum glauben", erinnert sich Herbert. "Er ist öfter zu mir gekommen, und hat mich gefragt, ob wir nicht weitere Kosten vergessen hätten, und ob der Nutzen in dieser Form auch tatsächlich eintreten werde."
"Das wusste ich bis heute nicht", staune ich.
"Zu mir ist er schon auch gekommen, aber dass er unsere Annahmen anzweifelt? Das Gefühl hatte ich nicht."
"Er hat es zumindest mehrmals hinterfragt", verteidigt ihn Herbert.

Peter ist die Information noch nicht genug. Ihn beschäftigt noch immer die Art und Weise der Layoutumstellung. "Und was hat Herr Hofer zur Umstellung gesagt?", kommt es aus ihm heraus.
"Ich glaube, der Plan hat ihm gefallen. Er hat sich genau erklären lassen, wo und wie wir uns vorstellen, dass die eine oder andere Baugruppe gefertigt wird. Das hat ihn sehr interessiert. Er konnte es sich offensichtlich vorstellen, dass sich bei dieser konzentrierten Fertigung Vorteile ergeben würden. Außerdem bekamen wir wieder

Platz, viel Platz. Da hat er gelächelt, als ich das angesprochen habe. Platz ist in den meisten Firmen ein Problem. Wir haben doch auch ständig erweitert, und das war jedes Mal ein Kampf: Wie groß, für wie lange, zu welchen Kosten, und so weiter. Das war auch für mich angenehm zu wissen, dass Platz frei wird."
"Das war unser Plan", lächelt Hans sichtlich voll Stolz, und auch ich zolle dieser Leistung nachträglich noch einmal meine Anerkennung.
"Das habt ihr wirklich gut durchdacht. Die Restriktionen, die ich euch gesetzt habe, waren leider doch zu eng, wie sich im Nachhinein herausstellte. Vielleicht hätten wir uns die eine oder andere Umstellung nachher ersparen können?"
"Das hätte uns auch nicht viel mehr gebracht. Ein paar Denkfehler haben wir schon auch gemacht, aber woher hätten wir das alles wissen sollen? Wir hatten so eine Fertigung auch nirgends vorher gesehen", beruhigt mich Hans und schwächt meine Zweifel ab.
"Die Umstellung wurde auch gleich von den Mitarbeitern angenommen", meint Peter. "Die haben die Vorteile daraus rasch erkannt. Aber woher in aller Welt hat Herr Hofer den Mut genommen, die Umstellung in so kurzer Zeit durchzuführen?"
"Hm", atme ich durch, und denke an meine Risikobereitschaft. Ich überlege, ob das damals überhaupt eine Frage war. "Ich glaube, wir haben uns das Ganze schon sehr gut überlegt gehabt. Wir waren so überzeugt, dass es klappen wird, da hat sich die Frage des Risikos gar nicht so gestellt", antworte ich Peter.
Er lächelt ungläubig und schüttelt dabei ein wenig den Kopf. Möglicherweise ist ihm diese Aussagen noch nicht genug, zumindest zuwenig griffig.

VI. Der Weg wird steil

Ich schraube den Karabiner zu, überprüfe die Sicherung und rufe "Stand" hinunter.
"OK", tönt es herauf.
"Nachkommen", lautet mein nächstes Kommando, und bald darauf höre ich: "Wir kommen."
Langsam ziehe ich das Seil ein.
"Moment. Nicht so schnell, ich muss die Zwischensicherung erst aufmachen", unterbricht mich Alfred nach kurzer Zeit beim Seileinziehen, und mich kurz darauf durch seinen weiteren Zuruf wieder auffordert, damit fortzufahren. "Das geht ja ganz gut", denke ich. "Wir kommen bisher rasch vorwärts." Ich werfe einen Blick Richtung Großvenediger. Eine ganz schöne Wolkenbildung fällt mir da auf, und ich blicke nach unten, ob ich Alfred schon sehen kann. Etwas außer Atem kommt er näher. Bald darauf stehen auch schon Sepp und Hans neben mir.
"Jetzt geht es nicht mehr so schnell", meint Hans.
"Manchmal musste ich richtig nach Griffen und Tritten suchen", verteidigt sich Alfred, weil er glaubt, er wäre damit angesprochen worden.
"Klar", sage ich, "jetzt hat die Kletterei erst so richtig begonnen. Vorher am kurzen Seil ging´s ja noch ganz schnell, da konnten wir gleichzeitig gehen. Jetzt geht das nicht mehr, dazu ist das Gelände zu schwierig."
Ich krame in meinen Taschen und hole den Höhenmesser heraus.
"Willst du wissen, wie hoch wir sind?", fragt mich Alfred.
"Das ist mir im Moment nicht so wichtig. Ich möchte nur überprüfen, ob das Barometer fällt", gebe ich ihm zur Antwort. Ein fragender Blick sagt mir, dass weiterer Erklärungsbedarf besteht.
"Im Westen ist eine ziemliche Wolkenbildung. Ich hoffe, dass das Wetter noch eine Weile anhält. Ich muss jetzt auf der Karte nachschauen, wo wir sind, und diese Höhe dann mit dem Höhenmesser vergleichen. Wenn der Höhenmesser schon eine größere Höhe anzeigt, wird es schlechter: Das kann oft auch einen richtigen Wettersturz geben."

"Aber heute sieht es nicht danach aus." Alfred ist deshalb nicht beunruhigt, scheint mir. So wie er mit Hans die interessante Wolkenbildung bespricht.

"Bei dieser Seillänge kommt die Schlüsselstelle. Ihr könnt euch ja gegenseitig helfen, und wenn jemand einen Zug braucht, dann einfach ‚Zug' rufen. O.k. Danach wird es bald wieder leichter. Die letzten Seillängen können wir wieder am kurzen Seil gehen", ermuntere ich die etwas bleicher gewordenen Kletterer. Die Schlüsselstelle flößt ihnen Respekt ein, und sie sind ganz ruhig geworden. Ich höre, wie sie einander gegenseitig Hilfestellung geben, und ich bin ganz überrascht, als Hans mir bald zuruft: "Geschafft." Sie kommen die letzten Schritte zum Standplatz herauf. "Warten wir noch auf die zweite Seilschaft", bitte ich. "Ich möchte zumindest sehen, dass auch sie die Schlüsselstelle gut gemeistert haben."
"Klar", nicken alle verständnisvoll.

“Das Gewitter wird nicht mehr lange auf sich warten lassen“, überlege ich. “Der Höhenmesser zeigt stark fallenden Luftdruck an. Schutz gibt es in nächster Zeit keinen. Abseilen? Das hat soweit oben auch keinen Sinn mehr. Da müssen wir jetzt durch!“
"Das formt sich ja ganz schön zu einem Gewitter zusammen", macht mich nun auch schon Alfred auf die unangenehme Wettersituation aufmerksam.

"Siehst du die zweite Seilschaft?" rufe ich zu Hans, und füge hinzu: "Sie sollen sich etwas mehr beeilen."
"Die sind ganz schön weit unten", macht mich Hans aufmerksam. "Ich glaube, die haben irgendein Problem." Ich blicke nach oben. Erleichtert stelle ich fest, dass wir schon fast auf dem Gipfel sind. Mit großen Schritten eile ich auf das Kreuz zu, meine Mannschaft förmlich nachziehend.
"Berg Heil", wünschen wir einander händeschüttelnd.
"Ich binde mich los und schau nach, wo die anderen bleiben", sage ich, und drehe mich schon um, um wieder ein paar Schritte hinunterzusteigen.

"Norbert hat sich die Hand verletzt“, erklärt mir Herbert, als ich sie erreiche.
“Und? Wieder alles in Ordnung?", frage ich.
"Soweit schon. Anhalten kann ich mich nicht mehr gut, das tut weh", jammert Norbert.
"Wir sind bald oben", beruhige ich, und nehme seinen Rucksack auf meinen Rücken. Ich nehme von Herbert die Bandschlingen und Karabiner und helfe ihm, die Zwischensicherungen schneller aufzubauen. Ein lauter Jauchzer von Peter kündigt meiner Seilschaft an, dass auch die zweite Gruppe den Gipfel gleich erreichen wird.
"Wir dürfen uns nicht mehr länger aufhalten", mahne ich gleich zum Aufbruch, während einander alle die Hände schütteln.
"Ein Foto vom Gipfel brauch ich aber schon", lässt Peter keinen Zweifel daran, dass er diesen Augenblick festgehalten haben möchte.
"Jetzt kommt ganz schön Wind auf", bemerkt Hans nervös.
"Am Berg weht immer der Wind", stellt Herbert diesen Umstand als normal dar.
"Je höher du oben stehst, desto stärker bläst dir der Wind in´ s Gesicht", meint Peter bedeutungsvoll, und er will damit wohl auf die Problematik der Mitarbeiterführung hinweisen.
"Das musst du aushalten, sonst darfst du keine Führungsfunktion ausüben", stelle ich lakonisch fest, und mahne die Gruppe: "Heben wir uns diese Vergleiche bis zur Hütte auf. Wir müssen gehen, sonst kommen wir in den Nebel. Was macht ihr noch so lange?"
"Ich musste noch schnell trinken, bin ganz ausgetrocknet."
"Ich hab den Fotoapparat verstaut."
„Natürlich hat jeder eine Erklärung“, kommt es mir in den Sinn. “Ist das nicht immer so?“

"Wie geht´s jetzt weiter?", fragt Hans. "Bei diesem Nebel kann ich ja gar nichts mehr erkennen."
Ich schaue zu ihm hinunter und suche, wie es weitergehen könnte. Dann rufe ich ihm zu: "Warte, ich komme zu dir hinunter. Von da heroben kann ich das auch nicht erkennen."
Kurz darauf steht die ganze Seilschaft beisammen. Alfred fröstelt, Hans blickt etwas ratlos drein, und Sepp gibt gute Ratschläge.

"Verdammt schnell wird es da heroben kalt. Ich hätte mich oben umziehen sollen, das Hemd ist doch ganz schön durchgeschwitzt. Wenn der Wind zumindest ein wenig nachlassen würde. Bis hierher war es ganz einfach, da habe ich den Weg gesehen, aber plötzlich war es aus. Wir hätten früher aufstehen sollen, dann wären wir früher eingestiegen", gibt sich Hans selbstkritisch.
„Oder wir hätten gleich abseilen sollen, als Michael gesehen hat, dass sich Wolken zusammenbrauen.... Dann hätten wir uns das alles erspart.....", meint es Alfred besser zu wissen.
"Jetzt hör einmal auf", wird Herbert ärgerlich. "Das hilft uns jetzt auch nicht weiter".
„Sag uns, wie`s weitergeht," fordert mich Hans auf.
"Du bist schon etwas zu tief", zeige ich Hans den Weg. "Da oberhalb, bei diesem Felsen hättest du nach rechts gehen sollen. Dann sind wir bald aus den Felsen draußen und kommen auf Schnee. Wenn es weicher Firn ist, können wir gleich weitergehen, aber wenn es Eis ist, müssen wir die Steigeisen nehmen", mache ich auf die Situation aufmerksam.
"Aufpassen", ruft Hans hinauf in die weiße Leere, "da beim Felsen nach rechts, sonst kommt auch ihr zu weit unten an."
"Verstanden", kommt es aus dem Nebel zurück.
"Ich höre euch ganz nahe, aber sehen kann ich euch nicht mehr", sagt Hans mehr zu sich selbst.

"Jetzt sehe ich ja noch weniger als vorhin", höre ich Peter, fast schon schreien, damit er den Wind übertönt.
"Das klingt ängstlich", kommt mir vor, und ich drehe mich um. Die zweite Seilschaft ist im Nebel, noch dazu auf Schnee, sehr schwer auszumachen: "Hans, gib Acht, dass Peter den Anschluss nicht verliert; die finden wir sonst nicht mehr!"
"Ich pass schon auf", ruft Peter zurück.
"Ob wir die Hütte überhaupt finden können?", fragt er weiter.
"Michael hat Kompass und Höhenmesser in der Hand. Außerdem schaut er immer wieder auf die Karte", beruhigt ihn Hans.
"Ob das bei diesem Nebel hilft? Ich lass mich überraschen", kommt es zweifelnd zurück.

"Warum bleibst du hier stehen?" fragt mich Peter, während er mir näher kommt.
"Weil ich Stimmen höre."
"Michael hört schon Stimmen bei diesem Wind", lacht Peter, indem er sich an seinen Hintermann wendet.
"Doch! Wir sind bei der Hütte", bin selbst ich überrascht, dass wir so schnell Schutz finden, bevor es noch zu regnen beginnt.
"Sind das nicht Manfred und Josef?" fragt nun auch Herbert, der bis hierher als Letzter gegangen war und jetzt zu mir aufgeschlossen hat. Jetzt hört es auch Peter, aber er sagt kein Wort. Ein paar Schritte weiter, und wir sehen die Hütte tatsächlich aus dem Nebel auftauchen. Josef und Manfred erwarten uns schon.
"Gut dass ihr da seid", ist Josef beruhigt.
"Wartet ihr schon lange auf uns?", will ich wissen.
"Nein, noch nicht. Jetzt ist Manfred nachschauen gegangen, und da bin ich mit. Verdammt kalt heraußen. Ich geh´ wieder hinein, drinnen ist es wärmer."
Komisch? Auf einmal fällt mir ein, wie damals, kurz vor Ende des Betriebsurlaubes, plötzlich Herr Hofer aufgetaucht ist......

VII. Andere Voraussetzungen erfordern ein Umdenken

Peter kommt auf uns zu und hält uns eine Karaffe Wein entgegen: "Der höchste Berg muss gefeiert werden. Das ist mein Beitrag. Wo sind die anderen?"
"Hans ist noch oben im Lager, der muss sich erst einmal erholen", sagt Alfred, der gerade von oben kommt. "Herbert wird auch gleich da sein."
"Fehlt dann nur mehr Sepp", stellt Josef fest.
"Das sind immer die coolen Typen", lächelt Peter. "Zuerst wollen sie einem weismachen, alles im Griff zu haben, und dann fällt ihnen das Herz in die Hose. Wenn alles schon vorbei ist."
"Auf euren Adrenalinausstoß kann ich auch gerne verzichten, so schön kann es gar nicht gewesen sein", meint Josef.
"Jetzt kann ich schon darüber lachen, weil wir hier sind, aber ganz egal war es mir beim Abstieg nicht", gibt Peter zu. "Aber gruppendynamisch war es schon auch interessant, wie wir gleich zusammengeholfen haben. Ich glaube, da hat jeder gespürt, dass er sich auf den anderen verlassen kann. Ich möchte dieses Erlebnis nicht missen."
Josef merkt, dass er jetzt nicht mehr so ganz zur Gruppe gehört wie vorher. Er fühlt sich um eine Erfahrung ärmer. Dann lässt er sich den Aufstieg in allen Einzelheiten erklären, um wenigstens auf diese Weise möglichst viel von den Erfahrungen der Gruppe mitnehmen zu können.

"Gratuliere! Ihr habt es heute doch geschafft", meint Veronika und setzt sich zu uns. "Wir haben oft an Euch gedacht, besonders, als wir die Gewitterwolken aufziehen sahen. Wir waren selbst noch ein Stück unterhalb der Hütte, und über dem Glockner hat es ganz bedrohlich ausgesehen. Wir haben euch mit unseren Gedanken Kraft gegeben."
"Gedanken können Kräfte übertragen?" schüttelt Peter den Kopf.
"Hast du noch nie davon gehört? Du hast sicher auch schon zu jemanden gesagt ‚Halt mir bitte den Daumen', und das hat dir geholfen", antwortet Veronika.
"Gesagt schon, aber ob es geholfen hat, weiß ich nicht", meint Peter daraufhin ungläubig.

"Ich glaube, ihr habt einiges vom *'neuen Denken'* bei eurem Projekt verwirklicht. Möglicherweise ist es euch gar nicht bewusst geworden", setzt Veronika nach.
"Damit haben wir uns nicht auseinandergesetzt", sagt darauf Josef so, als wäre er dabei ertappt worden, etwas vergessen zu haben, und verteidigt sich: "Dafür haben wir keine Zeit gehabt. Wir müssen arbeiten und schau´ n, dass etwas weitergeht."
"Natürlich", beruhigt Veronika. "Es ist auch gar nicht so wichtig, ob ihr das bewusst macht. Wichtiger ist, dass euer Tun Wirkung hat."
"Da kämen ja noch weitere Sorgen dazu", ist Peter beunruhigt, "mir genügt das, was ist. Was sind das für Dinge, die wir unbewusst berücksichtigt haben?"
"Ich kenne eure Arbeit noch zu wenig, aber soweit ich es bisher beurteilen kann, gibt es da schon ein paar Dinge", meint Veronika. "Zum Beispiel das Prinzip der Selbstorganisation: Ihr habt mir doch erklärt, dass ihr die Firma in selbständige, kleinere Einheiten aufgesplittet habt, die selbst wiederum weitestgehend autonom sind."
"Stimmt", nickt Peter, und ist stolz, im neuen Zeitgeist zu denken.
"Die Teams schaffen doch ihre Organisation selbst? Und soweit ich es mitbekommen habe, verändern sie auch ihre Organisation, wenn sie es für notwendig erachten."
Hans schüttelt den Kopf.
"Doch", verteidigt sich Veronika. "Norbert hat mir gestern Abend einmal erzählt, dass ein Teamleiter, wenn die Gruppe ihn nicht für fähig genug hält, abgesetzt wird, und ein anderer Mitarbeiter dann neuer Teamleiter wird."
"Das schon", meint Peter; aber das ist ihm noch zu wenig Erklärung.
"Dann kommt da auch noch die neue Zusammenarbeit dazu! Wichtig ist nicht nur die Selbstorganisation, sondern wichtig sind auch die Beziehungen der einzelnen Gruppen untereinander. Aber auch die Beziehungen in der Gruppe selbst sind wichtig und maßgebend. Dann habt ihr auch die neue Form der Führung erwähnt. Peter, du hast doch selbst gestern einmal formuliert 'weich ist hart'. Das hat mich sehr verblüfft", spricht sie Peter direkt an.
"Du meinst, das neue Führungsverständnis", vergewissert sich Peter.
"Ja, genau. Welche Führungsregeln gelten seither für euch?"
Schweigen. Jeder blickt jeden fragend an.

"Wenn du niedergeschriebene Führungsgrundsätze meinst, die haben wir noch nicht so klar ausformuliert", verteidigt sich Peter, weil er sich in seiner Funktion als Personalentwickler angesprochen fühlt. "Aber in unseren Workshops haben wir schon Grundsätze erarbeitet, an die wir uns halten. Sauber niedergeschrieben sind sie halt nicht."
"Sauber ausformuliert ist nur unsere Produktionsstrategie", wirft Josef ein, und ergänzt: "Die haben wir in einer Gruppenarbeit ausformuliert, sogar gemeinsam mit den Arbeitern. Da waren Kollegen quer durch die Firma beteiligt."
"Es ist nicht so wichtig, dass die Grundsätze ausformuliert sind, viel wichtiger ist, dass sie gelebt werden. Was nützt es, wenn wie in vielen Firmen die Leitbilder groß an der Wand hängen, und keiner lebt sie! Oder nur der Chef kennt das Leitbild, wie es mir vor einigen Wochen untergekommen ist. Die Art und Weise, wie ihr zu euren Entscheidungen kommt, ist auch wichtig, und gehört auch zum *‚neuen Denken'*. ‚Der Mensch ist im Mittelpunkt', das ist doch bei Euch keine Phrase! Wenn ihr das ernst nehmt, dann wird der Mitarbeiter nicht mehr nur als reiner Funktionserfüller gesehen. Funktionserfüller sind Personen, die jederzeit austauschbar sind, wobei die Funktion bleibt. So wird es auch heute noch in Fachzeitschriften beschrieben. So aber wird der Mitarbeiter in seiner Gesamtheit, und hier auch in seiner Einzigartigkeit, gesehen. Damit ist er nicht mehr so einfach austauschbar. Ihr könnt zwar den Menschen austauschen, aber sein Geist bleibt. Ihr reduziert den Mitarbeiter auch nicht mehr nur auf eine Funktion, sondern ihr nehmt ihn in seiner Vielfalt wahr, als Mitarbeiter, Kollegen, Fachexperten, Vorgesetzten, Untergebenen, Berater, und was es sonst noch für Möglichkeiten gibt."
Norbert wirkt nachdenklich. Irgendetwas lässt seine Gedanken nicht los. "Ich glaube, ich habe dazu ein Beispiel", sagt er vorsichtig. "Du kennst doch den Meier Franz, der früher auf der Zahnstangenfräsmaschine gearbeitet hat", beginnt er, seinen ganzen Körper zu mir gedreht.
Ich zucke mit den Achseln und erwidere: "Ich bin mir nicht sicher, ob wir den gleichen meinen."
"Egal", meint Norbert. "Du kommst gleich drauf, wen ich meine. Robert wollte immer, dass ich ihn kündige, weil er seine Leistung fast nie erbrachte. Jetzt, im neuen System, arbeitet er an einer anderen

Maschine, die er offensichtlich besser beherrscht, und er kann sein Organisationstalent dazu noch voll einsetzen. Früher war er ein Querulant, heute ist er bei seinen Kollegen beliebt und geschätzt." Er blickt nun Veronika an, als wollte er ihr eine Antwort abringen. Diese lässt auch nicht lange auf sich warten.
"Das System bedankt sich auf seine Weise, indem eine positive Entscheidung allen zugute kommt", meint Veronika dazu nur kurz.
Ich bin zufrieden. Wenn das so ist und bleibt, bin ich überzeugt, werden noch einige positive Veränderungen möglich sein. *'Das neue Denken'*, überlege ich, damit sollte ich mich noch näher auseinandersetzen. Dann stehe ich auf, um nach Hans zu sehen.

"Wie geht es dir?", frage ich Hans.
"Ich habe ganz weiche Knie. Mir wird erst jetzt so richtig bewusst, in welcher Gefahr wir waren", ängstigt er sich noch immer. "Warum Gefahr?", möchte ich abschwächen.
"Doch", bricht es aus ihm heraus. "Hast du nicht bemerkt, dass gleich nachdem wir in der Hütte waren, ein Schneesturm eingesetzt hat?"
"Doch, aber wir waren ja auch gut ausgerüstet!"
"Das hätte uns auch nichts geholfen, wenn wir die Hütte nicht gefunden hätten."
"Hast du daran gezweifelt?"
"Draußen nicht, da war ich zu sehr beschäftigt, zu sehr konzentriert. Aber jetzt, im Nachhinein!"
"Hast du vielleicht jetzt Respekt davor, weil du allein die Hütte nicht gefunden hättest?"
"Das könnte es sein. Ich hätte sicher nicht herunter gefunden. Das hast du gut gemacht."
"Ich habe es ja auch gelernt. Dazu braucht man vielfache Kenntnisse: theoretisches Wissen, gepaart mit praktischen Erfahrungen, die richtigen Hilfsmittel, und auch etwas Gespür. Schönwetterbergsteigen kann bald jemand. Es ist aber auch ein Unterschied im Erleben, ob du Verantwortung hast, oder ob du nur nachgehst. Diesen Unterschied kannst du ja auch selbst erkennen: Denk an deine frühere Aufgabe als Meister, und was denkst du heute darüber? Ich glaube, ihr habt mich damals ganz schön verflucht, als ich euch mit der Meisterausbildung zwangsbeglückte."

"Du hast Recht. Das wollten wir gar nicht einsehen. Wir haben unsere Fähigkeiten auch komplett überschätzt, weil wir nie in fachliche Grenzen gewiesen wurden. Das Denken mussten wir sowieso dem Robert überlassen."
"Und wie geht es euch heute?"
"Ohne den Meisterkurs wären wir total überfordert, da hätten wir gar keine Orientierung, wo´ s langgeht. So aber tun wir uns leichter Das haben auch unsere Mitarbeiter bemerkt, und ich glaube, sie akzeptieren uns heute mehr."
"Sie anerkennen euch als Autorität, weil ihr Fähigkeiten habt, und nicht, weil ihr ihnen mit dem Rausschmeißen droht, wenn ihr euch nicht mehr helfen könnt. Zum Rausschmeißen braucht man keine Fähigkeiten."
"Heute können wir das auch erkennen, und wir müssen noch viel mehr lernen."
"Jeder muss ständig lernen. Der Wissenszuwachs erfolgt so schnell. Ihr lest heute Bücher und Fachzeitschriften. Das habt ihr früher alles nicht getan."
"Das hat uns auch niemand gesagt", verteidigt er sich.
"Ihr seid doch erwachsene, denkende Menschen!"
"Aber zwischen Denken und Denken ist ein Unterschied. Unser heutiges Selbstbild schaut ganz anders aus: Wir sind selbstbewusster, aber auch kritischer geworden. Heute vertreten wir unsere eigene Meinung."
"Das ist auch gut so, und das sollen auch eure Mitarbeiter tun. Wenn jeder seine Meinung sagen kann, gibt es eine größere Meinungsvielfalt und das heißt dann auch, es kommen bessere Lösungen heraus, weil das Problem von allen möglichen Seiten betrachtet worden ist. Wichtig dabei ist, dass sich die Mitarbeiter verstanden fühlen, und dieses Gefühl können sie nur haben, wenn sie gefragt werden. Davon hängt auch ihre Leistungsbereitschaft ab."
"Aber sie müssen auch mich verstehen. Wenn sie nicht wissen, was ich meine, und vor allem, wie ich es meine, können sie nicht das tun, was ich mir erwarte."
"Richtig. Sagen ist nicht gleich hören. Hören ist nicht gleich verstehen. Verstehen ist nicht gleich einverstanden sein. Erst wenn alle vier Dinge deckungsgleich sind, werden Konsens und Leistung möglich."

"Da haben wir in letzter Zeit sehr viel dazugelernt", lächelt Hans zufrieden.
"Jetzt geht es dir wieder besser?" frage ich ihn.
"Danke. Das Gespräch hat mir jetzt sehr geholfen."

"Darf ich mich zu euch setzen?", fragt mich Manfred nach dem Abendessen. "Ich hätte gerne mehr über euer Lohnmodell erfahren, bevor ihr morgen eurer Wege geht."
"Hat das für euch eine Bedeutung?" frage ich zurück. "Schon. Wir dürften da ganz ähnliche Probleme haben, wie du sie mir gestern geschildert hast. Wir denken schon einige Zeit nach, was wir tun könnten, haben aber bisher noch nichts Gescheites gefunden." Manfred vermittelt den Eindruck, als habe er schon den ganzen Tag darauf gewartet, endlich mehr Details über die Grundlagen unseres Projektes zu erfahren und ist nun entschlossen, den Abend für seine vielen Fragen zu nutzen.
"Dieses Projekt hat uns dazu gezwungen, ein neues Lohnmodell einzuführen. Mir war klar, dass wir mit dem alten Lohnsystem unsere Ziele nicht erreichen könnten."
"Weil es kontraproduktiv war", wiederholt Manfred. "Erklär´ mir das noch einmal genauer. Warum kontraproduktiv?"
"Schau, das ist so: Die meisten Betriebe unterscheiden zwischen Grundlohn und Leistungslohn. Beim Grundlohn orientieren sie sich meist am Kollektivvertrag. Der ist nicht sehr differenziert, und er wird meistens auch nicht weiter unterteilt. Ein Mitarbeiter wird eingestuft als Hilfsarbeiter, angelernter Arbeiter, oder als Fachkraft, unabhängig davon, was er tatsächlich kann."
"Dazu gibt es ja die Unterteilung. Außerdem unterteilt auch der Kollektivvertrag innerhalb der Ausbildungsstufen in weitere Gruppen, wie Facharbeiter, Spitzenfacharbeiter, und so weiter."
"Das schon, aber wie wird das meist gehandhabt! Wenn eine Fachkraft mehrere Jahre in einem Betrieb ist, wird sie automatisch zur Spitzenfachkraft erhoben, egal, ob es berechtigt ist, oder nicht. Das kann er sich heute erwarten, und das wird auch von Seiten des Betriebsrats erwartet."
"Aber er muss ja aufsteigen, sonst ist er nach einiger Zeit sehr frustriert, und er bringt überhaupt keine Leistung mehr."

"Aufsteigen schon, aber nicht automatisch mit den Jahren. Wenn seine Fähigkeiten steigen, soll er auch mehr Lohn erhalten. Dieser Anspruch ist schon gerechtfertigt, aber er muss auch mit seinem Wesen in Einklang sein, das ist im verhaltensbiologischen Programm des Menschen so verankert. Dadurch steigt die Lust an der Leistung, weil sie mit Anstrengung verbunden ist. Das andere hat mit Verwöhnung zu tun, und was da herauskommt, kennen wir ja."
"Warum steigt die Lust an der Leistung?"
"Ganz einfach. Denk einmal an eine schwere Aufgabe, die du bewältigt hast. Welches Gefühl hattest du nachher?"
"Ein sehr gutes, ich war stolz auf mich."
"Und dann wurdest du dafür belohnt, oder du hast dich selbst dafür belohnt."
"Genau."
"Stell dir dein Empfinden vor, du wärst mit dem Auto hierher gefahren! Hätte dir das einfache Abendessen dann auch so gut geschmeckt? Der höheren 'Lust' geht eine Phase der höheren 'Unlust' voraus, das ist eine Phase der Anstrengung. Je größer die Anstrengung, und je größer auch die Triebstärke, desto größer ist dann auch die 'Belohnung', die Lust. Verwöhnung ist dagegen die rasche und leichte Triebbefriedigung ohne Anstrengung. Da dadurch die Triebe aber nicht anhaltend - zumindest nicht anhaltend genug - befriedigt werden, wachsen sie erneut spontan an, und sie wollen erneut befriedigt werden. Das führt letztlich zu einer Unzufriedenheit, weil zum Beispiel nicht ständig Lohnerhöhungen gegeben werden können. Also ist der Mitarbeiter enttäuscht, frustriert. Früher oder später sinkt die Leistung, bei manchen wird auch passiver oder gar aktiver Widerstand geweckt. Die überschüssigen Energien öffnen sich selbst einen Kanal, und werden dort abgebaut."
"Das verstehe ich, aber diesen Fehler machen doch so viele!"
"Das ist ja das Problem, weil sich zu wenige wirklich in aller Konsequenz damit auseinandersetzen. Der Mensch hat schon seit jeher versucht, sich das Leben leichter und einfacher zu machen Warum sollte er daher auch von sich aus Unlust in Kauf nehmen? Er merkt es ja selbst gar nicht, dass seine Fähigkeiten, seine Potenziale nicht mehr abgerufen werden, und er dadurch in weiterer Konsequenz noch mehr Unlust verspürt."
"Wie kommt ein Mitarbeiter dann bei euch weiter?"

"Da muss ich dir zunächst das Grundlohnmodell aufzeichnen." Ich suche nach Zettel und Schreiber; dann erkläre ich weiter: "Der Grundlohn hängt vom Gesamtwert der Anforderungsstufen ab, die an den Mitarbeiter gestellt werden. Und von seinem Leistungsvermögen. Das sind hier die Anforderungsstufen, eingeteilt in A, B, C, D. Und das hier die Ausführungsstufen, von 1 bis 6. Je nach Arbeitsplatz - das heißt, die Anforderungen des Arbeitsplatzes, die in Kategorien eingeteilt sind - und je nach Können des Mitarbeiters, bekommt er Punkte. Das kann er sich selbst aus dem Diagramm entnehmen. Bis zu vier Arbeitsplätze soll er beherrschen, zwei davon bis zur höchsten Stufe, und zwei bis zur zweiten Stufe."

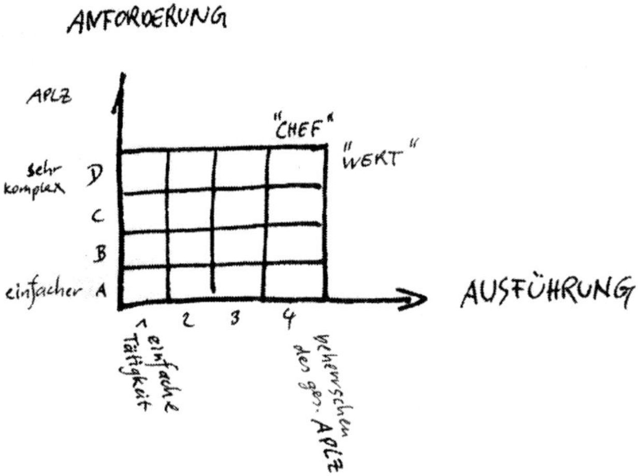

Abb.: Arbeitswert als Funktion von Anforderung und Ausführungsfähigkeit

"Wer bestimmt, an welchen Arbeitsplätzen der Mitarbeiter arbeiten soll?"

"Grundsätzlich das Team. Jeder Arbeitsplatz muss von mehreren Mitarbeitern beherrscht werden, in jeweils unterschiedlichen Ausführungsstufen. Nicht jeder Mitarbeiter muss an jeder Maschine der ‚Chef auf der Maschine' sein. Diese Redewendung hat sich bei uns eingebürgert. Der Meister unterstützt das Team. Er ist letztlich verantwortlich, dass für alle Arbeitsplätze ein Soll-Profil gemacht wird.

Das Soll-Profil beinhaltet, wie viele Mitarbeiter in welcher Ausführungsstufe diesen Arbeitsplatz beherrschen müssen. Und das Ist-Profil, das heißt, der Ausbildungsstand, muss dem auch entsprechen. Damit ist auch festgelegt, wann wer welche Schulungsmaßnahmen durchführen darf."
"Das klingt ja sehr restriktiv."
"Ist es aber in Wirklichkeit nicht. Durch die laufenden Veränderungen - zum Beispiel durch Aufstieg und Fluktuation - hinkt das Ist-Profil dem Soll-Profil ständig mehr oder weniger hinterher."
"Und wie seid ihr zu den Anforderungs- und Ausführungsstufen gekommen?"
"Die haben wir in den Workshops erarbeitet. Zuerst definierten wir Referenzarbeitsplätze, und dann haben wir die anderen Arbeitsplätze zugeordnet. Die Fähigkeiten werden möglichst allgemeingültig niedergeschrieben. Das heißt, dass sie im gleichen Wortlaut möglichst für alle Arbeitsplätze anwendbar sind,."
"Dadurch erreicht ihr eine umfassendere Einsetzbarkeit und eine größere Flexibilität. Das Springerproblem bei Krankenstand oder Urlaub gibt es dann auch nicht mehr."
"Genau, das sind alles erhebliche Vorteile, sowohl für die Firma, als auch für den Mitarbeiter."

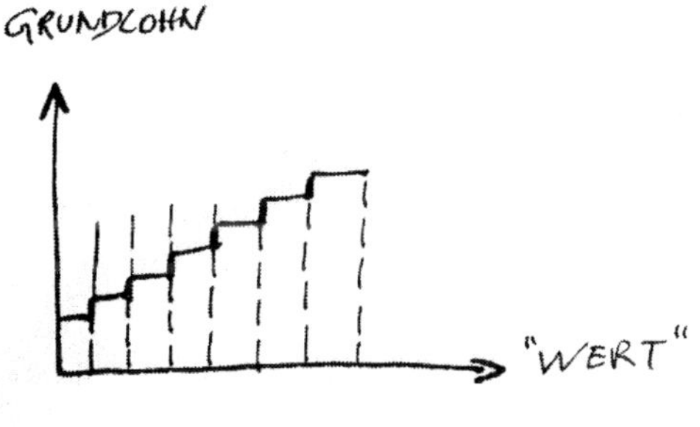

Abb.: Grundlohnmodell als Funktion vom Arbeitswert

"Wozu braucht ihr dann noch den Leistungslohn?"
"Über den Leistungslohn kann man streiten. Für uns war es insofern keine Diskussion, als wir den Grundlohn nicht sosehr anheben wollten,

dass er den alten Grundlohn zusammen mit dem alten Leistungslohn erreicht. Außerdem glauben wir, dass die Faktoren, die den Leistungslohn beeinflussen, mit den betrieblichen Zielen einhergehen müssen, damit sie diese Ziele unterstützen."

"Was sind das für Ziele?"

"Das wichtigste ist das Arbeitsergebnis, so haben wir es genannt. Darin sind sowohl die Menge als auch die Qualität und der richtige Zeitpunkt enthalten. Als Maßzahl wird das Arbeitsergebnis als die Liefertreue angegeben - das geht sowohl extern, als auch intern zwischen den Teams. Die Liefertreue allein genügt - bis auf den einen Umstand, dass bei Über- oder Unterauslastung eine rasche Kapazitätsanpassung notwendig ist. Für den Kunden ist das gleichgültig. Er will die richtige Ware zur richtigen Zeit, in der richtigen Qualität. Am richtigen Ort könnte man noch hinzufügen. Das ist innerbetrieblich wichtig, da wir grundsätzlich ein Holprinzip, und nur für einige Bereiche ein Bringprinzip eingeführt haben."

„Wie war das früher," will Manfred erfahren.

„Früher, ja, da hatten wir eine akkordähnliche Prämie. Die war nur vom leistungsgrad des Arbeiters abhängig. Die Berechnungslinie hatte noch dazu bei 120 Prozent und bei 130 Prozent eine Unstetigkeitsstelle. Das heißt, ab dem höheren Prozentwert stieg auch die Prämie des Arbeiters an."

„Da haben sich dann sicher alle Arbeiter bemüht, über den Schwellenwert zu kommen. Das ist ja gut," stellt Manfred fest.

Ich muss schmunzeln, aber es ist mehr ein grantiges Schmunzeln als ein erfreutes: „Ja, und mit welchen Mitteln da getrickst wurde! Losgrößen verdoppeln, Regiezeiten schreiben, Qualität reklamieren, ... Die Einfälle waren vielfältig. So groß wie unsere Ohnmacht klein war."

„Deshalb hast du von Kontraproduktivität gesprochen?" Jetzt wurde Manfred manches klarer. "Und die weiteren Ziele?" bohrt er nach.

"Die weiteren Ziele sind Zusammenarbeit, Sorgfalt und Initiative."

"Wo bleiben da die Kosten?"

Ich muss erneut lächeln. Manfred bleibt ständig am Ball, ich komme kaum dazu, einen Schluck zu trinken. "Die Meister planen nun ihr Budget, das sie einhalten müssen, nun selber. Für alle Mitarbeiter sind die Kosten aber auch in all den drei Faktoren indirekt enthalten: Die gute Zusammenarbeit soll Reibungsverluste vermeiden, die Sorgfalt

soll dazu anleiten, sparsam mit den Ressourcen umzugehen, und die Initiative soll zu neuen Ideen verhelfen, wie z.B. Verbesserungen durchführen."
"Gibt es dafür auch Punkte, oder wie macht ihr das?"
Ja, dafür gibt es Punkte. Die werden je nach Ziel gewichtet: Das Arbeitsergebnis hat die höchste, Initiative die geringste Gewichtung. Der Meister hat die Aufgabe, seine Mitarbeiter zu beurteilen. Allerdings erfolgt die Beurteilung nicht absolut, sondern relativ, das heißt, der Meister muss den Leistungsanteil eines Mitarbeiters immer in Relation zur Leistung der anderen Mitarbeiter setzen. Er hat die Vorgabe, dass er in seiner Punkteverteilung eine statistische Normalverteilung herausbringen soll. Dadurch kann der Leistungslohn nicht ständig so lange erhöht werden, bis bald alle Mitarbeiter automatisch die höchste Punktesumme bekommen. So ist es doch heute bei den meisten Prämiensystemen: Herunter kommt dann keiner mehr. Dadurch bleibt die Prämiensumme im Ganzen für die Firma weitestgehend konstant und kalkulierbar."
"Hm. Leuchtet mir irgendwo ein. Ich will erst einmal überprüfen, ob das auch für uns so anwendbar ist", überlegt Manfred.
"Das musst du dir genau überlegen. In Einzelheiten musst du sicher auf eure Verhältnisse bedacht nehmen."
Manfred fragt weiter: "Wie habt ihr dann das neue Lohnsystem eingeführt? Waren die Mitarbeiter damit einverstanden? Was hat der Betriebsrat dazu gesagt? Ich kann mir gar nicht vorstellen, dass dies ohne Probleme ablaufen kann?"
„Das waren jetzt viele Fragen auf einmal“, überlege ich laut. "Ich beginne beim Leichteren: Dadurch, dass der Betriebsrat bei der Erstellung des Lohnmodells mitgewirkt hat, und er auch ständig seine Betriebsratskollegen informiert hat, hat es von dieser Seite keine Hindernisse gegeben. Untereinander haben sie schon diskutiert, wie ich gehört habe. Sie haben ihre Sicht auch immer wieder in die Workshops eingebracht. Walter, unser Betriebsratsvorsitzender, musste aber letztendlich das Modell verteidigen und durchbringen, er war ja selbst dabei. Sonst hätte er sich selbst in Frage stellen, vielleicht sogar zurücktreten müssen. Damit möglichst wenige Probleme bei der Einführung entstehen, vor allem keine Missverständnisse, haben wir einen Film gedreht. Diesen Film hat jeder Mitarbeiter gesehen. Darüber

hinaus kam Monika zu uns. Wir haben längere Zeit eine Person gesucht, die fachlich geschult ist, und die uns sowohl bei der Einführung des Lohnmodells als auch bei der Einführung der Teamgespräche unterstützt."
"Diesen Namen hat schon einmal wer erwähnt“, erinnert sich Manfred. "Wie lange war sie bei euch?"
"Zirka vier Monate.“
„Und war es besser, zur Einführung eine Frau zu nehmen?“
„Monika war eine Fachfrau, pädagogisch und psychologisch geschult. Ich bin heute sicher, dass ein Mann ihre damalige Aufgabe nicht so gut hätte machen können. Für diese Aufgabe wurde sie sicher ernster genommen; die Aufgabe repräsentiert ja auch die Kultur, also das weibliche. Die Struktur, also das männliche Element, mussten wir schaffen."
"Und in dieser Zeit hat sie das Lohnmodell eingeführt?", wundert sich Manfred über diesen langen Zeitraum.
"Nein, natürlich nicht. Ich sagte dir doch, dass sie auch die Einführung der Teamsitzungen begleitet hat. Sie hat geholfen, die ‚neue' Kultur zu etablieren. Die Einführung des Lohnmodells hat deutlich weniger Zeit in Anspruch genommen. Ich erinnere mich jetzt nicht mehr so genau, aber ich glaube, das hat in etwa ein Monat gedauert."
"Was hat sie dabei konkret getan?"
"Zuerst hat sie mit Peter einen kleinen Vortrag vorbereitet und das neue Modell genauestens erklärt - wie es zu handhaben sei, wer wann welche Punkte bekommt, wovon die Prämie abhängt, und so weiter. Dann hat sie alle möglichen Fragen der Mitarbeiter beantwortet."
"Konnte sie das?"
"Meistens schon. Ein paar Mal sind sie zu mir gekommen und haben mich gefragt. Aber dadurch, dass auch Peter und Walter immer dabei waren, konnten sie die meisten Fragen gleich beantworten. Außerdem hat zu dieser Zeit das Lohngremium getagt, um letzte Unklarheiten und Handhabungsmängel zu beseitigen."
"Was waren die häufigsten Fragen?"
"Fast jeder Mitarbeiter wollte seinen neuen Lohn errechnet haben. Das war insofern etwas problematisch, als Mitarbeiter dabei waren, die nach der neuen Kurve mehr Lohn, das heißt, mehr Grundlohn bekamen - die haben sich natürlich gefreut. Und dann waren Mitarbeiter dabei, die

bisher im Vergleich zu Ihrer Leistung zu hoch bezahlt wurden. Deren Grundlohn war nun aber niedriger als der alte."
"Geht das überhaupt?", unterbricht mich Manfred.
"Es ist nicht so einfach. Wir haben eine Lohngarantie insofern abgegeben, dass innerhalb des ersten Jahres keiner weniger verdient als nach dem alten Modell, und im zweiten Jahr wird die Überzahlung um fünfzig Prozent reduziert. Damit sie aber auch dann im Lohn nicht zurückfallen müssen, haben wir Ausbildungsprogramme mit diesen Mitarbeitern erstellt. Dadurch konnten sie dazulernen und eine höhere Punktesumme erreichen. Somit war keiner von Lohneinbußen bedroht."
"Und das alles hat Monika gemacht?"
"Ja, natürlich nicht allein, das sollte sie auch gar nicht. Ihr Anteil war, das Gespräch mit den Mitarbeitern zu suchen und herauszufinden, wo sie der Schuh drückt. Und das hat sie sehr gut gemacht."
Manfred sieht sich um und merkt, dass wir mittlerweile schon fast alleine in der Stube sitzen. Nur Norbert und Hans, die beiden Meister, haben unser Gespräch bis zuletzt verfolgt.
"Wo ist die Zeit hingekommen", realisiert Manfred plötzlich, wie spät es schon ist. "Schon elf Uhr. Seit einer Stunde wäre Hüttenruhe."
"Morgen wird schlechtes Wetter sein, da nehmen die Wirtsleute es dann nicht so genau."
Manfred steht auf und verabschiedet sich.
Während er weggeht, drehe ich mich meinen Kollegen zu. "Von der genauen Handhabung der Beurteilung hättest du noch einiges sagen können," und schaue dabei Norbert an. Er zuckt bereitwillig mit den Schultern, so als ob er eine derartige Aufforderung ohnehin erwartet hätte, und genießt das letzte Stück seiner Schokolade.

VIII. Erkenntnisse bestimmen das Verhalten

Der Regen prasselt auf das Dach. Sepp wälzt sich unruhig im Lager. "So ein blödes Wetter!", meint er, als er merkt, dass ich ihn beobachte. "Heute können wir sicher nicht viel unternehmen. Weiterschlafen wär′ das Beste", und er kuschelt sich in die Decke. "So wie Hans müsste man schlafen können“, beneidet er ihn nach einer Weile. "Gestern war er nach der Tour ziemlich fertig, und heute schläft er, als wäre gar nichts gewesen."

"Ich glaube, es kommt darauf an, wie jemand seine Erlebnisse und Erfahrungen verarbeitet", versuche ich ihm zu erklären. "Gleiche Erlebnisse werden von verschiedenen Personen unterschiedlich wahrgenommen und verarbeitet. Was für den einen ein einschneidendes, wesentliches Ereignis ist - ja schon eine Katastrophe - ist für den anderen überhaupt nicht tragisch oder wichtig, obwohl es sich um das gleiche Ereignis handelt. Für Herbert war der gestrige Tag nicht so aufregend wie für Hans. Hans hat gestern bereits reagiert, dich beschäftigt alles erst jetzt."

"Ich bin eben ein Spätzünder."

"Warum wertest du dich ab und sagst, du seiest ein Spätzünder? Das hat doch gar nichts damit zu tun. Ich halte es für einen wichtigen Lernprozess, dass jeder lernt, sich nicht selbst zu entwerten, genauso, wie er auch lernen muss, dass das, was einer sieht und fühlt, seine Realität ist, für die er selbst verantwortlich ist."

"Das verstehe ich jetzt nicht." Sepp sieht mich neugierig an. Er wartet hellwach und konzentriert darauf, was kommen wird.

"Das, was jeder sieht, erlebt, fühlt, nimmt er durch seine ‚eigene Brille’ wahr, und davon hängt es auch ab, was er daraus macht. Das vermischt sich auch noch mit der Erfahrung aus seiner persönlichen Geschichte. Erst, wenn es einem möglich wird zu erkennen, dass er selbst ein Erlebnis so und so interpretiert, und nicht die Situation die Katastrophe ist, sondern er selbst daraus eine Katastrophe macht, dann kann er Verantwortung für seine Interpretation von bestimmten Erfahrungen übernehmen. Sobald dir das gelingt, brauchst du einen anderen nicht mehr zum Schuldigen machen, du musst ihn auch nicht mehr schlecht machen, denn du bist dann selbst jener, der sein Leben gestaltet. In

diesem Moment, in dem du die Verantwortung übernimmst dafür, wie du etwas interpretiert hast, bist du auch imstande, Dinge loszulassen, die unangenehm waren. Sonst hältst du daran fest, und kannst erst dann scheinbar loslassen, wenn du dich genug am anderen gerächt hast."
Sepp hat sich im Lager aufgesetzt, um mir besser zuhören zu können.
"Das ist ein ganz neuer Gesichtspunkt für mich", meint er. "Du hast Recht, ich habe schon ein paar Mal beobachtet, wie andere Leute Dinge ganz anders aufgenommen und gesehen haben als ich. Da glaubst du, du wärst bei einer ‚anderen Messe' gewesen."
Ich nicke ihm zu, den Oberkörper auf den Arm gestützt. "Wenn du dich an bestimmte Ereignisse erinnerst, dann ist es interessant, wie du dich daran erinnerst. Meist ist es so, dass die Erinnerung von dem, was tatsächlich war, eher sehr verzerrt ist, und oft gar nicht der Wahrheit entspricht. Die Realität nimmt eine andere Person ganz anders wahr. Alles ist Realität, und jeder beansprucht die Wahrheit für sich. Entscheidend ist nur, was macht der einzelne aus dieser Realität, wie erinnert er sich: Das ist für ihn die Wirklichkeit. Jeder muss selbst erkennen, dass er diese Wirklichkeit durch seine Brille selbst mitgestaltet hat, und dass sie daher nicht außerhalb seiner Person liegt, sondern in ihm selbst. Wenn du das nicht erkennst, glaubst du felsenfest an deine Wahrheit. Die Folge ist, du musst deine Wahrheit verteidigen. Du hast Rechtfertigungs- und Überzeugungsstrategien parat, du musst Recht bekommen, oder du resignierst, glaubst aber weiterhin an deine Wahrheit."
Sepp lächelt; ihm ist ein Beispiel eingefallen: "Wenn wir bei verschiedenen Anlässen beisammen gesessen sind, und haben die Vergangenheit Revue passieren lassen, dann ist mir das schon öfter aufgefallen. Die damaligen Erlebnisse erzählen die Leute unterschiedlich. Da hat es schon einige Überraschungen gegeben, und dabei wären sich schon ein paar Mal einige Kollegen in die Haare gekommen. Jetzt verstehe ich das: Jeder sieht es auf seine Art, durch seine Brille, und dadurch auch anders. Jeder macht sich seine Wirklichkeit."
"Ich nehme mich selbst als Beispiel: Herbert hat doch vorgestern auf der Stüdlhütte Manfred erzählt, wie ihr mich zu Beginn gesehen habt. Neue Personen, neue Verhaltensweisen können nicht unvoreingenommen angenommen werden, so wie sie sind, wenn sie -

wie meistens - durch die ‚Interpretationsbrille' gesehen werden. Ich hätte noch so nett sein können, ihr wolltet mich so nicht sehen - daher war ich für euch auch nicht so. Das hat mit meiner Person gar nichts zu tun - aber das musste ICH selbst erst einmal erkennen. Ich muss selbst erkennen können - aber das ist ja gerade das schwierige - welche Brille habe ich auf, welche Filterwirkung hat sie, sprich, wie nehme ich die Realität wahr? Ich muss zuerst erkennen, dass ich in meinem geistigen Gefängnis sitze. Erst dann kann ich ausbrechen, und damit Verantwortung übernehmen. Das ist nicht Schicksal, sondern mein Teil der Wahrnehmung. Dann kann ich auch loslassen von meiner Wirklichkeitssicht, ich habe es einfach nicht mehr Not, es so zu interpretieren. Daraus kann auch der Mut erwachsen, Realitätsüberprüfungsstrategien anzuwenden."
"Was ist das wieder? Wie soll das funktionieren?"
"Ganz einfach, indem du eben nachfragst. Wenn du zum Beispiel das Gefühl hast, ein Kollege oder der Vorgesetzte mag dich nicht, dann geh´ einfach hin und frag´ ihn, ob das so ist."
"Und wenn er es nicht zugibt?"
"Dann hast du vielleicht die nächste Brille aufgesetzt, ohne dass du es gemerkt hast."
"Könnt ihr nicht unten weiterreden", kommt eine Stimme aus der anderen Ecke.
"Tut mir leid", antworte ich schon leiser, und lege mich wieder zurück.
"Brille", "Filter" und "Wirklichkeit", höre ich Sepp, dem die Dinge noch durch den Kopf gehen, schwer verständlich murmeln.

"Es wird heller draußen", sage ich zu Josef, der gerade aus dem Gastraum kommt.
"Hat es aufgehört zu regnen?"
"Ja", antworte ich kurz. "Wo sind die anderen?" "Die sitzen drinnen bei Manfred und Veronika."
„Hans höre ich immer am lautesten", fällt mir auf, als ich den Raum betrete. Sie haben sich schon sehr gut angefreundet. Veronika winkt mir zu, ich solle mich auch zu ihnen setzen.
"Auf das Wetter!", und sie schiebt mir ein Glas Rotwein zu.

"Heute ist ohnehin nichts mehr anzufangen", will Peter den frühen Alkoholkonsum bagatellisieren. Er meint damit, dass heute keine Bergtour möglich sein wird.
"Doch", entgegnet Veronika gleich. "Mit jedem Tag ist etwas anzufangen. Ich möchte den Tag und eure Anwesenheit dazu nützen, mehr über eure Veränderung zu erfahren. Ist das möglich?" Alle Blicke sind auf mich gerichtet.
"Es ist euer Projekt genauso“ versuche ich jemanden zu ermuntern, mit einer Erzählung zu beginnen.
"Wo soll ich beginnen?", fragt Hans.
"Ich weiß noch wenig über euren Wandlungsprozess," meint Veronika, "dafür aber schon einiges über Engpasskapazität und das Lohnmodell. Das hat Herbert vorgestern erzählt." "Und auch ein wenig über den Ausgangspunkt, das hätte ich bald vergessen“, fügt sie noch rasch hinzu.
"Gut", murmelt Hans, und blickt sich um, ob er nicht Herbert den Ball weitergeben könnte.

"Es ist gar nicht so leicht", beginnt er dann, "sich nochmals in die Ausgangslage zu versetzen. Es ist so, als wäre alles schon ewig lange aus."
"Alt wirst du schon", spottet Norbert, aber prompt wird Hans lautstark von Veronika verteidigt: "Der ist doch nicht alt", und sie ergänzt in normalem Ton: "Das ist die Funktionsweise unseres Gehirns. Gewisse Informationen werden ab einem bestimmten Zeitpunkt ausgelagert. Sie sind dann nicht sofort verfügbar oder überhaupt verschwunden."
Hans lächelt über die unerwartete Schützenhilfe.
"Ausgangspunkt war, wie Herbert schon erwähnt hat, eine relativ geringe Liefertreue", fährt Hans dann fort. "Diese Liefertreue sollte mit einer vermeintlichen Produktivitätssteigerung verbessert werden. Dazu dienten einerseits die KNV (Kurzfristige Nachverfolgung), dann die hohe Kapazitätsauslastung, und andererseits die Bestände, die wir aufbauten. Durch die progressive Lohnkurve sollten die Mitarbeiter zu höchsten Leistungen angeregt werden. Aber das alles funktionierte nicht, und wir wussten nicht, warum. Statt Steigerungen durch höhere Produktivität aufzufangen, investierten wir immer mehr in Gebäude und Maschinen, und stellten neue Mitarbeiter ein."

"Die uns aber auch bald wieder verließen", weiß Sepp zu berichten.
"Ohne Erweiterung wäre es aber auch nicht gegangen! Soviel Produktivitätssteigerung ist durch Rationalisierung nicht zu schaffen, dazu war das Wachstum zu groß", verteidigt Norbert die Erweiterung.
"Das stimmt doch nicht", hält ihm Hans entgegen, "denn erstens haben wir jetzt diese Produktivitätssteigerung erreicht, und zweitens ist die Organisation gar nicht mitgewachsen. Da waren doch alle überfordert, wir inklusive." Dabei meint er sich und seine damaligen Meisterkollegen. "Vor lauter dringenden Dingen kamen wir nicht zu den wichtigen Aufgaben, und das wäre noch lange so weitergegangen, hätte nicht Michael die Prioritäten anders gesetzt."
"Erinnere dich doch an den Managementbericht", spricht er nun Norbert direkt an. "Da waren doch so viele Zahlen enthalten, die wir laufend liefern mussten. Hast du dich da ausgekannt, was das Wichtigste ist, und welche Maßnahmen zu setzen sind?"
"Was wichtig war, und was nicht, hat sich ja ständig geändert. Dementsprechend schwankten die Kennzahlen ständig. Das war wie Achterbahn fahren, mal bergauf, mal bergab. Wenn ich mich rechtfertigen musste - und das kam bei uns häufig vor - habe ich nachher geschaut, dass das in Ordnung war. Dafür hat dann etwas anderes nicht gepasst. Ich erinnere mich noch sehr gut daran, dass ich besonders in der Zeit, nachdem der Managementbericht erstellt war, mit Bauchschmerzen aufgewacht und nur mit Überwindung zur Arbeit gefahren bin."
"Diese Angst hat jeder von uns verspürt", ergänzt Hans.
"Dass ich wieder gerne zur Arbeit gehe, und dass mir das einmal Freude macht, das hätte ich nie geglaubt."
"Inwieweit hat sich das verändert?", will Veronika wissen. "Das kann man nicht mehr vergleichen", antwortet Norbert. "Das hat sich im gleichen Maße verändert, wie wir von den Betroffenen zu Beteiligten und zu eigenständigen Akteuren wurden."
"Und je mehr wir die Wirkungen unserer Handlungen abschätzen konnten", ergänzt Hans. "Früher haben wir viele Dinge einfach nicht gewusst. Heute kennen wir uns in vielen Bereichen aus, von denen wir vorher keine Ahnung hatten."
"Das Erreichen der Kennzahlen war in vielen Fällen ja gar nicht möglich, weil sie sich gegenseitig negativ beeinflussten. Heute wissen

wir, dass es da einen Zielkonflikt gibt, und wie wir den lösen können. Außerdem sind nicht mehr alle Ziele gleich wichtig, sondern es gibt ganz wenige, wirklich wichtige Ziele. Die aber müssen wir erreichen."
"Die Meisterschulung wollten wir zuerst verweigern, und mittlerweile habe ich mir selbst noch weitere Bücher gekauft und Kurse besucht."
"Aber mit Kursen besuchen ist es doch auch nicht getan", mischt sich Veronika ein.
"Natürlich nicht", gibt Hans prompt zur Antwort. „Früher hätten wir mit Kursen allein überhaupt nichts anzufangen gewusst, aber heute ist das anders, weil wir erstens bereits bestimmte Fähigkeiten erworben haben - das hilft uns weiter - und weil wir anwendungsorientiertes Lernen gelernt haben." "Ich erinnere mich noch genau an die Workshops, vor allem an den am Traunsee. Michael hat uns die Zielkonflikte erklären wollen, aber wir haben es ihm nicht geglaubt! Dass kleinere Losgrößen Vorteile brächten, das ging einfach nicht in unseren Kopf, also haben wir alle dagegen gesprochen. Ich habe schon geglaubt, wir hätten ihn umgestimmt, als er plötzlich auf uns eingestiegen ist. Wir sind dann von verschiedenen Ursachen ausgegangen, und haben die Wirkungen abgeschätzt."
"Kausalketten?" unterbricht Veronika fragend.
"Genau", fährt Hans fort. "Doch dann haben wir gesehen, dass wir so nicht zum Ziel kommen. Ich selbst war es, der damals gesagt hat: Stopp, so geht es nicht. Wir müssen doch den anderen Weg probieren. Und dann hat es geklappt. Damals habe ich viel für mich gelernt, und spätesten seit dem Zeitpunkt haben wir alle umgedacht."
"Was sind das heute für Ziele?", fragt Manfred.
"Das wichtigste Ziel ist eine hohe Liefertreue, dann kommt die Kosteneinhaltung. Alles andere ordnet sich diesen Zielen unter."
"Mmmmh", murmelt Manfred nachdenklich. Es ist ihm anzumerken, dass er Einwände hat.
"Die Lieferzeit spielt doch auch eine wichtige Rolle", meint Veronika. "Wenn ich es mir aussuchen kann, wo ich etwas kaufen werde, so ist die Lieferzeit doch mitentscheidend?"
"Gewiss", lacht Norbert. "Das ist ja der Clou. Eine hohe Liefertreue verlangt kurze Durchlaufzeiten. Und die werden wiederum durch kleinere Losgrößen begünstigt."

"Ist das wirklich so?" Manfred wirft mir einen prüfenden Blick zu. Ich nicke.
Während Norbert noch einen Zettel sucht, beginnt Hans bereits mit einer Zeichnung, zu der er erklärt: "Das Thema Engpassarbeitsplatz haben wir schon erklärt, darauf möchte ich jetzt nicht mehr eingehen. In diesem Diagramm ist hier die Kapazitätsauslastung aufgetragen, und hier der Belastungsfaktor."

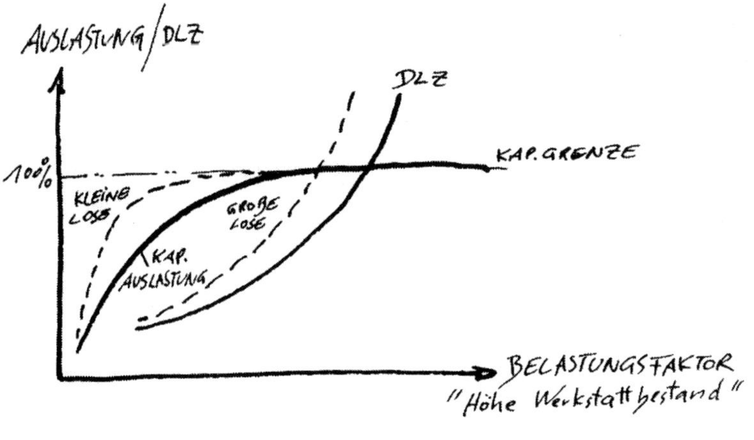

Abb.: Zusammenhang von Kapazitätsauslastung oder Durchlaufzeit und dem Belastungsfaktor

"Was ist der Belastungsfaktor?", erkundigt sich Manfred. "Der Belastungsfaktor ist der Quotient aus der Summe aller zu einem bestimmten Zeitpunkt freigegebenen Auftragskapazitätsbedarfs-einheiten - ein Zungenbrecherwort - zu den Kapazitätsbestands-einheiten in einer bestimmten Zeitperiode. Schwierig! Ich schreibe es dir auf."
Manfred denkt darüber nach und nickt kaum merklich mit dem Kopf.
"Nehmen wir an, der Belastungsfaktor ist hoch, was heißt das?" ahmt Hans mich mit seiner Fragestellung nach.
"Dass viel Arbeit in der Werkstatt ist", meint Manfred.
"Ja, und dadurch ist die Kapazitätsauslastung hoch", gibt er selbst die weitere Antwort. "Und wenn der Belastungsfaktor sinkt, das heißt, es

werden weniger Aufträge freigegeben, wird irgendwann einmal der Punkt erreicht werden, wo die hohe Kapazitätsauslastung nicht mehr gehalten werden kann. Dann sinkt sie stark ab und geht schließlich auf Null zu."

"Das ist doch das Prinzip der belastungsorientierten Fertigungssteuerung", zeigt sich Manfred gut informiert. "Bechte hat das in seiner Dissertation zum ersten Mal vorgestellt", erzählt Hans. "Sehen wir uns aber nun den Verlauf der Durchlaufzeit in diesem Diagramm an?"

"Die steigt exponentiell an", vermutet Manfred richtig und Hans stimmt nickend zu.

"Stellen wir uns vor, wir würden nun die Losgröße halbieren. Bleibt dann der Kurvenverlauf gleich, oder wie verändert er sich?"

"Er wird sich verändern, sonst hättest du diese Frage nicht gestellt", meint Veronika, und hebt achselzuckend die Schultern.

"Hm! Das weiß ich jetzt selbst nicht mehr so genau", ist Hans verlegen, und sucht bei mir Hilfe.

„Er kann es schon", denke ich, „und ob er die Theorie erklären kann oder nicht, das ist doch im Moment nicht so wichtig."

"Das ist die Warteschlangentheorie", fährt er nach einer Weile vergeblichen Wartens fort. "Die Länge einer Warteschlange hängt von der Ankunftsrate und der Abfertigungsrate ab. Ist die Losgröße geringer, ist auch die Bearbeitungszeit für dieses Los geringer. Demnach ist die Abfertigungsrate höher." Hans sieht mich an. Freudig ermuntert fährt er fort: "Die Länge der Warteschlange, sprich die Wartezeit der Aufträge vor den Betriebsmitteln wird kürzer. Die gleich hohe Auslastung kann länger gehalten werden, die Kurve verschiebt sich nach links, so wie ich hier diese Kurve strichliert gezeichnet habe. Und die Durchlaufzeitkurve steigt nicht so schnell an, ungefähr so." Hans zeichnet auch diese Kurve strichliert.

Manfred denkt gleich weiter: "Und wie hängt das alles mit der Liefertreue zusammen?"

"Das erkläre ich dir anhand zweier Spiralen. Eine schlechte Liefertreue heißt, dass die Termine überschritten werden, dass die Durchlaufzeit zu lang ist. Was habt ihr gemacht?"

„Wir haben die Lieferzeiten verlängert!"

"Damit habt ihr dann die Aufträge früher eingelastet".

„Genau! Damit hatten wir aber wesentlich höhere Werkstattbestände und damit längere Wartezeiten. Die Folge war: Wir mussten immer mehr Aufträge vorziehen.“
„Sogenannte Eilaufträge!“
„Ja, aber die stören den gesamten Ablauf ungemein. Die Durchlaufzeiten werden wieder länger, und die Termintreue noch schlechter.“

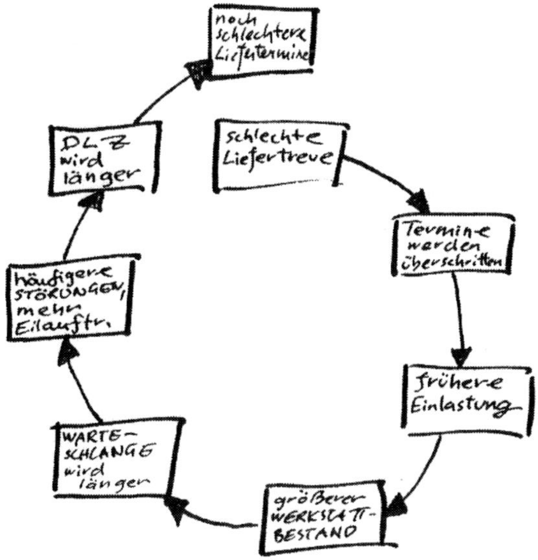

Abb.: Der sich verschlechternde Regelkreis

„Das konnte somit wohl nicht die Lösung gewesen sein.“
„Natürlich nicht. Aber zunächst wussten wir ja die Zusammenhänge nicht, und so konnten wir uns auch nicht helfen. Es ist doch paradox, wenn die Termintreue gering ist dass weniger Aufträge in die Werkstatt müssen, oder?“
„Sollte man zunächst meinen! Ich hätte das wahrscheinlich auch so gesehen. Aber was war nun der ‚andere' Weg?“
„Eine Mittenpunktssteuerung einführen! Das heißt, der Engpass steuert das Fertigungssystem, er ‚saugt' die Arbeit an. Damit kommen weniger

Werkstattaufträge in die Fertigung, aber dafür sind sie schneller wieder draußen."

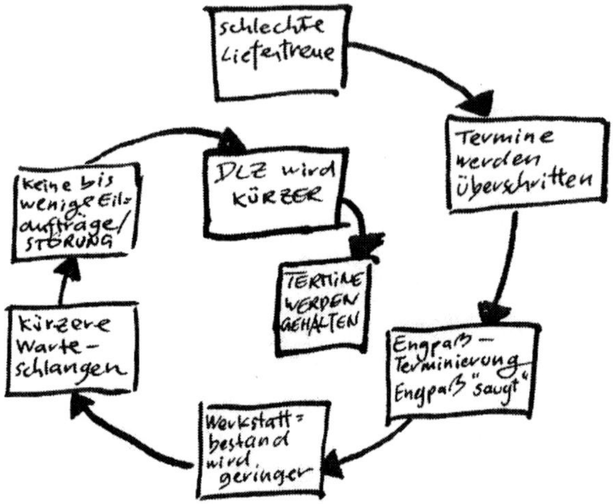

Abb.: Der sich verbessernde Regelkreis

„Wie kann sich dann aber die Kapazität ausgehen, wenn weniger Aufträge in der Fertigung sind?"

„Das hat damit ja nichts direkt zu tun! In einem ‚dünnen' Rohr muss das wasser schneller fließen, wenn die gleiche Menge wie in einem ‚dicken' Rohr durchkommen soll. Die Menge der eingesteuerten Aufträge stellt quasi den Rohrdurchmesser dar. Material muss fließen, dann stimmt gleich einmal die Produktivität und auch die Liefertreue. Am Besten wäre das noch erreichbar, wenn praktisch alle Fertigungsschritte weitgehend ähnliche Fertigungszeiten hätten."

„Ist das die „Harmonisierung der Fertigungszeiten"? Wird das so genannt?"

„Ja, genau! Das wird beim Prinzip der Zahnstangenförderung verwirklicht!"

"Ah, verstehe! Das war jetzt ein sehr anschaulicher, praxisorientierter und überzeugender Privatunterricht", anerkennt Manfred mit großen Gesten die Fähigkeiten von Hans.

"Die Sonne kommt durch," macht uns Josef durch das Fenster aufmerksam. Alle blicken hinaus. In der düsteren Gaststube haben wir es gar nicht bemerkt.
"Durch die kleinen Fenster kommt kaum Licht durch. Da könnte man ja den schönsten Tag versäumen," sagt Veronika enttäuscht.
"Wie spät ist es?" frage ich.
"Halb eins," antwortet sie. "Da lässt sich vielleicht doch noch einiges anfangen?"

IX. Das Erlebte erleben

"Diese ganze Strecke sind wir im Nebel gegangen", ist Peter plötzlich verwundert, als er merkt, wie steil das ‚*Glocknerleitl*' sich aufstellt.
"Die größere Überraschung wirst du später erleben", mache ich ihn neugierig. Am kurzen Seil gesichert, steigen wir langsam zum Ostgrat empor. Peter, Veronika und Manfred sind in mein Seil eingebunden, Josef und Hans im Seil von Herbert.
"Man merkt, dass wir nicht so gut eingespielt sind", beanstandet Peter nach einer Weile. "Einmal ist das Seil zu sehr gespannt, dann hängt es wieder zu sehr durch. Als Letzter kann ich das nicht so einfach ausgleichen."
Er ist etwas außer Atem und will kurz rasten. "Was mache ich falsch?", reagiert Veronika betroffen.
"Du siehst zu sehr in der Gegend herum, anstatt dich auf deinen Vordermann zu konzentrieren", belehrt sie Peter. "Aber ich will doch die Gegend sehen, vor allem, wenn ich hier zum ersten Mal bin", rechtfertigt sie sich.
"Darum bleiben wir jetzt stehen, und wenn du genug geschaut hast, gehen wir weiter", meint er ziemlich forsch. "Nicht so streng", mahne ich ihn. "Ihr habt es ja auch nicht vom ersten Tag an gekonnt."

"Juhu, wir sind gleich oben", freut sich Veronika auf den Gipfel, und ruft nach unten: "Gleich haben wir es geschafft."
"Etwas stimmt jetzt nicht", meint Peter verwundert, weiß aber nicht mehr so genau, was. "Ist das schon der Gipfel?", fragt er verwundert Herbert, der direkt hinter ihm geht.
"Nein! Da geht es wieder ein Stück hinunter, und dann kommt erst der letzte Anstieg zum Gipfel."
Josef setzt sich nieder und seufzt: "Da siehst du den Gipfel und motivierst dich für das letzte Stück, und dann geht´s noch weiter. Wie soll ich das meinen Beinen beibringen?" "Nicht alles, was wie ein Gipfel aussieht, ist der Höhepunkt!", meint Peter zweideutig und verweist auf unsere Erfahrung: "Bei unserem Projekt hatten wir auch schon geglaubt, alles sei gelaufen, und dann kam ein Einbruch. Unsere Kennzahlen haben sich schnell verbessert, und plötzlich, ohne dass wir

uns das erklären konnten, sackten sie wieder ab. Das ist oft so: Phasen des Aufstiegs werden von mehr oder weniger kurzen Rückschritten abgelöst. Aber nach diesem Abstieg geht es nur mehr bergauf."
"Jetzt meinst du aber den Berg", vergewissert sich Peter.

"Da kann ich gar nicht hinunterschauen", bricht es aus Veronika heraus, als sie die ‚*Pallavicinirinne*' hinuntersieht.
Dadurch aufmerksam gemacht, beugt sich Peter über einen Felsen vor, und sieht in gähnende weiße Leere. Erschrocken meint er: "Da sind wir gestern drübergegangen! Ein Wahnsinn! Gut, dass ich es nicht gemerkt habe. Heute kannst du die Sicherung gleich verstärken."
"Heute ist es aber nicht anders als gestern", versuche ich ihn zu beruhigen.
"Schon, aber gestern habe ich nicht gesehen, was mir blüht, wenn ich da hinunterstürze."
"Da geht´s ja links und rechts hinunter!" Veronika sucht verzweifelt nach einem Halt. Schließlich setzt sie sich nieder und rutscht, den schmalen Grat zwischen den Beinen, das kurze Stück hinüber. "Kalt und rau das Eis", meint sie auf halbem Weg.
Manfred sieht ihr mit mulmigem Gefühl zu und fragt: "Was ist, wenn sie auf einer Seite hinunterfällt?"
"Dann gebe ich dir einen Stoß, damit du auf der anderen Seite hinunterfällst", meint Peter in hilfloser Geste.
"Das ist ein schlechter Scherz, darüber kann ich gar nicht lachen."
Manfred stellt sich vor, wie diese Situation tatsächlich wäre. "Wenn einer auf der einen Seite hinunterfällt, und der andere hängt auf der anderen Seite, können die einander dann helfen?"
"Meinst du jetzt diese Situation am Berg oder im Leben?", will Peter auf das Leben hinüberleiten.
"Jetzt, hier am Berg", drängt Manfred auf die momentane Situation.
"Einer muss eine Sicherung bauen", erkläre ich. "Er dreht eine Eisschraube in das Eis, oder er rammt den Pickel in den Schnee, bindet eine Bandschlinge an, hängt sich selbst ein und sichert seinen Partner, während dieser versucht, wieder hinaufzukommen. Dann sichert der Obere den Unteren nach."
"Das hört sich doch einfach an", findet Peter spöttisch.

"Im Leben ist das anders: Da verlässt keiner so schnell seinen Standpunkt, und wird dabei noch gesichert", findet Herbert. "Er muss zuerst einen Standpunkt einnehmen und diesen vertreten."
"Und wenn einer versuchen sollte, nach oben zu kommen, - klammheimlich, ohne es offen zuzugeben und auszusprechen und er dreht seine Aussagen wie eine Windfahne - dann läuft er Gefahr, vom anderen auf dessen Seite gezogen zu werden", philosophiert Peter.
"Sind wir nicht öfter in Gefahr, links oder rechts hinunterzufallen", sinniert Manfred, meint aber jetzt nicht den Berg. "So lässt sich aber kein Ausgleich finden. Wenn jemand einen Extremstandpunkt einnimmt, so kommt es gleich zu einer Patt-Stellung, sobald der andere auch eine Extremstellung einnimmt. Beide können ihre Position bald nicht mehr verlassen."
"Vorher passiert doch etwas anderes", meint Veronika schon von der anderen Seite, sich an einem Felsen festhaltend. "Einen Standpunkt einnehmen ist doch positiv; ihn zu vertreten, das ist die eigentliche Gratwanderung. Dabei läuft man ständig Gefahr, nach links oder rechts abzustürzen, das heißt, einen Extremstandpunkt einzunehmen. Die zusätzliche Gefahr dabei ist, dass dieser Extremstandpunkt den anderen mitreißt bzw. ihn zwingt, auf der anderen Seite hinunter zu springen, und so auch einen Extremstandpunkt einzunehmen."
"Diese Situation kenne ich", nickt Manfred, der nachgekommen ist, aus leidvoller Erfahrung. "Ein Konsens wird immer schwieriger, je länger diese Positionen eingenommen werden. Jeder schart dann noch zusätzlich seine Kumpanen und Getreuen um sich."
"Ein Konsens wird vielleicht schwieriger", stimmt Peter zu, "aber es lässt sich noch immer ein Kompromiss finden!"
"Warum gebt ihr euch mit drittklassigen Lösungen zufrieden?" meint Veronika.
"Warum drittklassig?" rätselt Peter.
"Weil ein Kompromiss bestenfalls eine drittklassige Lösung ist. Bei jedem Kompromiss muss jeder Partner einen Teil seiner Ansicht aufgeben. Er empfindet das - zumindest innerlich - als Verlust. Er steigt dann, um des Friedens willen - das heißt, um des Vorteils willen, nicht aus Überzeugung - auf den Lösungsvorschlag ein. Wenn es ihm möglich ist, wird er aber diesen nie voll unterstützen, ja ihn sogar mehr oder weniger verdeckt boykottieren."

"Das sind dann die ‚ich hätte' ‚ich wollte' Aussagen", weiß Peter gleich dazu, und unterstreicht damit die Aussage von Veronika.
"Bei einem Konsens wird aus Meinungen, Ansichten und Wissen von zwei Partnern eine ‚neue' Lösung geschaffen, die beide Partner wirklich wollen und damit auch anstreben können. Konsens impliziert immer Überzeugung und Übereinstimmung, die sich in einem ´Wir-Gefühl´ ausdrückt."
"Wie lässt sich die Gefahr, dass ein Standpunkt zu schnell und zu starr eingenommen wird, das ist ja die Gefahr eines Absturzes, oder besser noch, der Absturz selbst, vermeiden?"
"Die Gefahr eines Absturzes ist vor allem dann gegeben, wenn ich den Aussagen des Partners nicht mehr richtig zuhören kann, ich sie daher auch nicht mehr richtig verstehen. Das gleiche gilt natürlich auch umgekehrt. Wenn ich merke, dass mir der Partner nicht mehr richtig zuhört - weil er mich zum Beispiel ständig unterbricht - dann ist es vernünftiger, das Gespräch zu vertagen. Das heißt aber in diesem Fall noch nicht, es abzubrechen. Wenn das Gespräch abgebrochen wird - häufig aufgrund von Entwertung und verbunden mit Wut - ist bereits ein Extremstandpunkt eingenommen und fixiert. Das ist wie bei der Entwicklung eines Fotos: Sobald das Bild entwickelt und fixiert ist, kann es nicht mehr verändert werden."
„Und wie kommt es dazu," fragt Hans interessiert nach: „Kannst du dazu noch mehr sagen?"
„Diese mangelnde Fähigkeit, zuzuhören, kann zwei Ursachen haben. Erstens: Mir fehlt der neutrale Blick, weil ich alles durch meine Brille sehe. Diese Brille schaffe ich mir jedes Mal selbst. Damit verlasse ich die subjektive Neutralität - das ist das, was wir immer mit Objektivität meinen - ich bin subjektiv. Das führt mich letztlich in die Isolation, in den Absturz."
„Wie kann ich das verhindern?" Hans sucht nach einer Art Anleitung.
„Wenn es möglich ist, sollen die beiden rechtzeitig die Rollen tauschen. Manchmal genügt es auch schon, den eigenen Standpunkt zu wechseln und das Problem von einer anderen Seite zu betrachten."
"Diese sture Haltung kenne ich", meint Manfred, und ergänzt: "Das sind häufig immer wieder die gleichen Leute."
"Das kommt sehr darauf an, welcher persönliche Arbeitsstil vorherrscht. Dies sind häufig jene Mitarbeiter, die den Arbeitsstil des

Planers und Kontrolleurs stärker verkörpern, die für sich in Anspruch nehmen, das einzig richtige Ziel zu vertreten und die Wahrheit gepachtet zu haben."

"Herr ‚Lebe Recht' und Frau ‚Klara Ziel", lacht Peter.

"Manchmal beobachte ich aber ein Phänomen, das ich mir meist gar nicht erklären kann", erzählt Manfred über ein anderes Verhalten. "Ich rede mit einem Gesprächspartner, und plötzlich reagiert dieser in einer für mich überraschenden und übertriebenen Weise ablehnend. Kannst du dir das erklären?"

"Doch", gibt Veronika zurück, "das ist die zweite Art, wie Konflikte entstehen können. Wenn du bei deinem Gespräch bei deinem Partner auf einen Punkt triffst, wo er früher, vielleicht in seiner Jugend, verletzt worden ist, dann rufst du seinen Speicher mit dieser Erfahrung auf, und er reagiert so, wie er es damals tat oder tun musste, um überleben zu können. Häufig hat dies zum Beispiel mit Demütigung zu tun. Dein Gegenüber kann die sachlich geäußerte Kritik gar nicht als solche empfangen, sie kommt nicht mehr sachlich an. Diesen Hintergrund kennst du aber nicht, darum bist du verblüfft."

"Und wie soll ich in diesem Fall reagieren?", will Manfred weiter wissen.

"Du musst mit viel Sensibilität auf die Betroffenheit deines Gesprächspartners eingehen Du kannst ihm die Frage stellen, warum er jetzt so betroffen reagiert. Dann hast du ihm zumindest die Chance gegeben, dir den Grund für sein Verhalten zu erklären. Wenn er nichts sagt - er öffnet dir die Tür nicht, aus verschiedenen Gründen, die bei ihm liegen können, zum Beispiel, weil er gewisse Erfahrungen und Erlebnisse abspalten will, weil er sie nicht mehr fühlen will, oder die aber auch bei dir zu suchen sein können, zum Beispiel mangelndes Vertrauen - dann kommt es meist unweigerlich zum Absturz. Du stößt gleichsam in eine alte Wunde, reißt sie plötzlich auf, und dein Gesprächspartner reagiert mit heftiger Verteidigung, die nicht zur Situation passt. Du hast das Gefühl, er macht ‚aus einer Fliege einen Elefanten'. Die Fliege ist der Anlass, die kannst du erleben, aber der Elefant ist der Hintergrund. Den kennst du nicht, und der überrascht dich daher."

"Ich hab´s geschafft!" Mit diesen Worten reißt Josef als Letzter freudig erregt die Arme in die Höhe. "Ich kann es fast selbst nicht glauben", murmelt er mehr zu sich selbst, die Hände auf die Knie gestützt. Er atmet mehrere Male tief durch, richtet sich dann wieder auf und sieht mich an. "Das hat mich Überwindung gekostet", gibt er zu, und reicht mir die Hand zum Dank. Auf dieses Zeichen scheinen alle gewartet zu haben, jeder schüttelt jedem die Hand, und aus freudigen Gesichtern kommen bewegte Worte.
"Stellt ihr euch beim Gipfelkreuz zu einem Erinnerungsfoto zusammen?", bittet uns Manfred nach einer Weile. Josef stellt sich neben das Kreuz, es mit der rechten Hand ehrfurchtsvoll berührend, während er die linke Hand fest um eine der Ketten legt, die von den Enden des Querbalkens kommend im Fels verankert sind.
"Das sieht ja spaßig aus", lacht Herbert, und wendet sich an Josef. "Du willst wohl, dass alle glauben, du müsstest das Kreuz halten, statt umgekehrt."
"Das ergibt eine gute Wirkung", erwidert Josef stolz.
"Michael, du gehörst in die Mitte", gibt Peter die Anweisung. Die Kamera klickt, als endlich alle stehen, Kameramann, Kamera und Positionen werden getauscht, und so entstehen die verschiedensten Erinnerungsbilder.
"Jetzt habe ich mir aber die Jause verdient", unterbricht Josef die Bemühungen der anderen, noch weitere, vielleicht bessere Fotos zu bekommen.
"Du hast deine ja bereits im Kasten", bedauert Hans.
"Du musst eben auch schneller sein", wird er von Josef belehrt.
"Wie soll das gehen? Dann stehen alle mit der Kamera in der Hand da und fotografieren das Kreuz", meint Hans verständnislos über die unsinnige Belehrung. "Sind wir jetzt eine Gruppe, oder nicht?", fragt er ihn daraufhin vorwurfsvoll.
"Tut mir leid", gibt Josef kleinlaut bei, "aber dann hast du genug Fotos. Das gibt doch lauter gleiche Motive. Spar dir ein paar Aufnahmen, und halte den Abstieg fest, dann wissen die anderen wenigstens, wie steil es da herauf ist. Mit deiner Kamera kannst du auch die Aussicht fotografieren, du hast ja ein Teleobjektiv zum Vergrößern dabei. Mit meiner Kamera geht das nicht. Da ist nur ein Weitwinkel drauf, da erscheint alles kleiner."

"Das ist jetzt Flow-Erlebnis", erkennt Josef für sich, und beißt genussvoll, fast feierlich, in seinen Apfel. "Jetzt kann ich zu Hause erzählen, ich war am Großglockner", würdigt er seine Leistung stolz, und man sieht ihm an, wie seine Selbstachtung gestiegen ist. "Jetzt habe ich auch eine kleine Vorstellung davon, was dieser Markgraf Pallavicini damals erlebt haben muss", beginnt er zu phantasieren.
"Die Pioniere mussten sicher viele Entbehrungen auf sich nehmen", meint Hans.
"Erster zu sein ist immer schwierig. Ich bewundere deren Mut", meint Peter, "die hätten es doch einfacher haben können, wenn sie unten geblieben wären."
"Hättet ihr es nicht auch einfacher haben können?", regt uns Veronika zum Nachdenken an.
"Da ist doch ein Unterschied", lehnt Josef die Frage ab.
"Und worin liegt der?" fragt Veronika nach.
"Der liegt darin, dass die Pioniere nicht wussten, wohin sie gingen, und auch nicht, ob sie wieder heil zurückkommen würden. Die waren doch einer erheblichen Gefahr ausgesetzt."
"Glaubst du", lächelt Veronika. "Ich sehe diesen Unterschied nicht, das heißt, prinzipiell nicht. Natürlich ward ihr keiner körperlichen Gefahr ausgesetzt. Was wäre aber gewesen, wenn euer Projekt in die Hose gegangen wäre? Lag da keine Gefahr drinnen?"
"Wenn du das so siehst", murmelt Josef, "dann ...."
Veronika lässt ihn nicht aussprechen: "Euer Projekt war, so würde ich es beurteilen, mit einer erheblichen Gefahr verbunden. Zumindest für die Firma und letztlich auch für Euren Arbeitsplatz. Und ihr habt diese Gefahr sogar freiwillig aufgesucht", erläutert sie. "Steht doch zu eurer Neugier. Das Wesen der Neugier ist, dass freiwillig ein Zustand aufgesucht wird, bei dem es Neues zu entdecken gibt, dass man daraus lernen kann. Eine innere Sicherheit wächst, und das wird lustvoll erlebt."
"Was wird lustvoll erlebt?", will Hans genauer wissen.
"Der ganze Prozess! Der Ausgangspunkt ist meist noch sehr vage - bei euch war es eine Idee, oder ein Konzept, wie ihr sagt. Dieses Konzept birgt noch viele Fragen in sich, verbirgt also noch nicht Bekanntes, und das ist mit Unsicherheit behaftet. Diese Unsicherheit verwandelt sich

im Laufe der Zeit in Sicherheit, und ist verbunden mit Informationsgewinn, also mit weiterem Wissen. Dieses Erkunden und Entdecken vermittelt ein Aha-Erlebnis, und der ganze Prozess ist lustvoll. Dazu braucht man auch erheblichen Mut."
"Den habe ich heute gehabt", lächelt Josef.
"Nein, nicht diesen Mut", entgegnet Veronika. "Den Mut, Neuland zu betreten, und bei euch war das doch Neuland?", und sie blickt dabei fragend in die Runde. "Und ihr hattet auch den Mut zur Zusammenarbeit, das ist doch nicht selbstverständlich!"
"Mut zur Zusammenarbeit!" Peter schüttelt den Kopf. "Warum brauche ich da Mut?"
"Zwischen Zusammenarbeit und Zusammenarbeit ist ein Unterschied. Alle in einer Firma behaupten meistens, sie arbeiten zusammen, und trotzdem gibt es oft kein ‚Wir-Gefühl'. Bei euch habe ich den Eindruck, dass ihr eine andere Qualität der Zusammenarbeit praktiziert. Mut ist der Hauptantrieb für Zusammenarbeit. Was unterscheidet euch von der Masse?" Nachdenklich schweigen die Männer.

"Ich hätte nicht gedacht, wie wärmend die Sonne so hoch oben sein kann", lenkt Hans ab.
"Wie stark dir aber auch der Wind ins Gesicht blasen kann", macht ihn Herbert gleich aufmerksam. "Das haben wir erst gestern gespürt."
"Tja, das kann sich schnell ändern", erinnert sich auch Hans. "Was ist es eigentlich, was am Berg so faszinierend ist?" Hans schaut mich an. Er ist von seiner Frage offenbar selbst überrascht.
"Du hast ein Ziel, und das ist am Gipfel erreicht", überlege ich laut. "Ein Ziel erreichen gibt doch tiefe innere Befriedigung. Du kannst von oben einen ganz anderen Überblick genießen, Dinge erkennen, wie sie von unten gar nicht möglich sind. Du siehst den Weg, die Steilheit, und bist stolz, welche Schwierigkeiten du gemeistert hast. Dann vergisst du schnell, dass du eigentlich müde sein solltest."
"Warum sein solltest?" unterbricht mich Hans.
"Ich war ganz schön geschlaucht", stimmt ihm Josef zu.
"Und wie fühlst du dich jetzt?", frage ich zurück.
"Gut, sehr gut", antwortet mir Josef.
"Siehst du, du hast deine Müdigkeit, die ganze Anstrengung bereits vergessen. Ich habe immer das Gefühl, der Berg gibt mir mehr Kraft,

als er mir beim Aufstieg nimmt. Diese Polarität ist überhaupt das Schöne: Erleichterung statt Schwere, Entspannung statt Anspannung, Zufriedenheit und Gelassenheit statt Unruhe, Überblick statt Kurzsichtigkeit. Das lässt mich immer ein schönes Gefühl erleben, und wird fast zur Sucht. Wenn ich am Gipfel stehe, überlege ich meistens schon, welchen Berg ich als nächsten besteigen will."
"Michael hat recht", stimmt mir Peter zu, "ich kann es auch so spüren, wie er es beschreibt."
"Und welches Ziel gehen wir als nächstes an?" stellt Hans die rhetorische Frage.
"Wir verbessern die gesamte Marketing-Logistik", schlage ich vor, "das bringt vielleicht sogar mehr als dieses Projekt. Aber damit sind für das andere erst einmal die Grundlagen geschaffen."
"Das hört sich ja interessant an", findet Herbert, "aber zuerst lass uns dieses Projekt ganz abschließen."

"Das glaubt mir keiner, dass ich da oben war", meint Josef.
"Warum soll es dir keiner glauben?", fragt Veronika.
"Weil sich das bei mir zuhause niemand vorstellen kann!" "Du hast doch die Fotos", beruhigt ihn Herbert.
"Fotos", wiederholt Josef, "die glauben vielleicht gar, ich hätte die Kamera verdreht, damit es steiler aussieht."
"Und darum lässt du dir jetzt die Freude verderben?", macht ihn Veronika aufmerksam. "Ist es wichtig, dass du es geschafft hast, und dass du das Erfolgserlebnis hast, oder ist es wichtig, dass ‚die anderen' es wissen?"
Josef schweigt dazu.
"Es ist deine Entscheidung, ob du dich jetzt freust, ob du Trauer verspürst, oder welche Gefühle du sonst noch haben kannst. Es ist doch immer so: Wenn du etwas geschafft hast, dann hast du Neider. Wer in der Sonne steht, wirft Schatten. Das kann wiederum verschiedene Gründe haben. Zum einen, weil sie gewisse Leistungen nicht mehr für sich alleine verbuchen können, zum anderen, weil du ihnen dadurch ein Stück voraushast. Also beneiden sie dich, werfen dir Prügel vor die Beine, oder sie zweifeln alles an."
Mittlerweile sind wir beim *‚Glocknerleitl'* angelangt. Wir geben Brust- und Sitzgurt weg, ich schieße das Seil auf.

Veronika fährt unterdessen fort: "Michael hat doch am Gipfel von Polaritäten gesprochen! Da gehört jetzt noch eine wichtige Polarität dazu: Das eine ist die Erfolgsenergie, der Gegenpol dazu ist die Zerstörungsenergie. Beide ziehen einander an, ja sie bedingen einander sogar. Das ist wie die Medaille, und die Kehrseite dazu. Dieses Prinzip kannten schon die alten Griechen, aber auch die verschiedenen Religionen kennen diese Polarität. In der Hindu-Tradition gibt es tausende von Göttern und Göttinnen, und jeder und jede ist für einen Aspekt des Bewusstseins verantwortlich. Der Schöpfer wird Brahma genannt, die erhaltende Kraft Vishnu, und der Zerstörer ist Shiva. Diesen Mechanismus zu kennen, und die richtigen Erkenntnisse daraus zu ziehen, ist wesentlich, sonst kann man vom Neid der anderen umkommen."

"Wie? Solche Zerstörungsmechanismen sind natürliche Reaktionen?", fragt auch Manfred ungläubig.

"Genauso ist es", bestätigt Veronika, "gerade du als Chef bist da nicht ausgenommen. Vorgesetzte steigen besonders schnell in den Zerstörungsmechanismus ein."

"Warum gerade Vorgesetzte?", frage ich sie, während ich das Seil im Rucksack verstaue.

"Weil Vorgesetzte es häufig nicht erdulden, dass ihre Mitarbeiter selbständig sind, dass sie auch zu Leistungen fähig sind, die sie sich am liebsten nur selbst zuschreiben möchten. Die Frage nach dem ´Warum´ ist sehr vielfältig. Sicher ist, dass dies oft sehr unterschwellig passiert, oft nicht direkt. Da redet der Vorgesetzte plötzlich nicht mehr oder nicht mehr soviel mit dir, fragt andere über dich aus, macht Stimmung. Anzweiflungen, ob die Ergebnisse richtig sind, und laufende Rechtfertigungen, gehören genauso dazu."

"Ich kenne eine Firma", erinnert sich Manfred, "die haben sogar einen eigenen Controller eingestellt, der die Ergebnisse überprüfen sollte. Der hat den damaligen Geschäftsführer dann mehr Zeit mit Erklärungen und Zahlen beschäftigt, als dieser dann Zeit für die Unternehmungsführung hatte."

"Die Palette an Möglichkeiten ist so groß wie der Einfallsreichtum der Vorgesetzten. Dazu gehört auch, wenn immer neue Ziele verlangt werden, die in ihrer Fülle nicht zu bewältigen sind, oder wenn ein Einzelziel so hoch gesteckt wird, dass es nicht erreicht werden kann.

Dadurch soll eine Nivellierung erreicht werden, die heißt, du bekommst signalisiert: So gut bist du dann auch wieder nicht. Oder: Du kannst ja auch nicht alles. Da muss sich der einzelne dann entsprechend abgrenzen können."
"Ist das wie ein Gewitter identifizieren?" fragt Hans überprüfend, ob er das auch richtig verstanden hat.
"Gestern kam doch ein Gewitter auf. Ich musste die Wolken als kommendes Gewitter identifizieren und abschätzen: Wie schnell kommt es, wie stark weht der Wind, und aus welcher Richtung, gibt es Hagel, Schnee oder Regen, wo und wie kann ich Schutz finden ..."
"So in etwa", meint Veronika, und fügt hinzu: "An der Zerstörungsenergie kannst du am besten wachsen. Das ist wie eine Prüfung, ob du dem auch standhalten kannst, und am Ende winkt dir die Krönung." "Merk dir, ein Flugzeug startet gegen den Wind", betont Veronika.
"Aber der Pilot weiß, wann für das Flugzeug der Wind zu stark ist", werfe ich ergänzend ein.
"Interessant! Wichtig zu wissen", denkt Josef, und lenkt auf ein anderes Thema. "Ich entscheide mich jetzt dafür, dass ich meine Leistung auf der Hütte mit einem guten Essen würdigen werde."

X. Die Grundlagen

Zurück in der Hütte machen wir es uns beim Umtrunk von Veronika bequem.
"So fällt es euch leichter, uns noch mehr zu erzählen", ermuntert uns Veronika.
"Das ist gut so", meint Norbert, "denn auch wir lernen dabei sehr viel von euch. Da sind Dinge, die wir ganz selbstverständlich getan haben. Jetzt erkennen wir oft erst deren Wirkungen, und warum es funktioniert hat."
"Toll, dass ihr überhaupt an so viele Dinge gedacht habt", gratuliert Veronika. "Ich habe das Gefühl, ihr seid ganz anders als üblich vorgegangen. Oder hat es bei euch auch die üblichen Planungsschritte gegeben?"
"Du meinst: Zielfindung, Ist-Zustand analysieren, und so weiter?"
"Genau."
"Nein, so genau nach diesem Schema haben wir es nicht gemacht. Die Schritte unseres Vorgehens lassen sich zum Teil nur schwer voneinander trennen, und dann war es auch nicht so, dass erst, wenn ein Schritt abgeschlossen war, der nächste beginnen konnte. Die Schritte haben sich sogar des Öfteren wiederholt. Wir haben sehr bald, eigentlich gleich, mit der Planung begonnen. Michael ist der Ansicht, Ist-Zustandsanalysen festigen in den meisten Fällen diesen. Aber im Laufe der Arbeit fließt dann ohnehin immer wieder ein Ist-Zustand in die Arbeit ein. Sonst werden die betroffenen Mitarbeiter förmlich in die Rechtfertigung gedrängt, und das schränkt ein mögliches Lösungspotential enorm ein. Das sehe ich heute auch so, weil ich unsere Ergebnisse mit denen des Schwesterbetriebes vergleichen kann. Unser Vorgehen sah vielmehr so aus: Das Oberziel war eigentlich vorgegeben, obwohl Michael es am Beginn zur Diskussion stellte. Mit diesem Ziel konnten wir uns voll und ganz identifizieren. Dieses Ziel wäre auch für jeden anderen Betrieb genauso wichtig. Die grobe Struktur gab uns am Anfang eine gewisse Orientierung und zeigte uns einen möglichen Weg auf. Das gab uns Mut. Vielleicht auch deshalb, weil wir von unserem Umdenk- und Umlernprozess noch nichts wussten. Dann kam eine Phase, die wir nicht erwartet hätten, die aber

für uns sehr wichtig war: Das war ein gewisser ‚Bewusstwerdungs- und Lernprozess'. Michael förderte unsere Entwicklung zu höheren Fähigkeiten, mit dem Ziel, uns neues Wissen und Können anzueignen. Das sollten wir dann möglichst gleich nutzen, neue Wünsche und Bedürfnisse entdeckten und diese gleich aufgreifen. Interessant ist, dass dieser Umdenkprozess sehr sanft und fast unmerklich über die Bühne gegangen ist. Michael hat das durch seine geschickten Fragestellungen gut gemacht. Er hat bei unseren Antworten solange nicht locker gelassen, bis wir die Antwort präzise genug formuliert hatten. Da hat er dann nachgebohrt. Oft genügte ihm die bloße Antwort nicht. Er wollte von uns wissen, ‚was passiert wenn'. Diese ‚Kausalketten', wie wir heute dazu sagen, hat ja heute Morgen erst Hans mit Manfred durchgespielt. Dadurch hat sich unser Denken plötzlich gewandelt. Wir wussten endlich über Zusammenhänge bescheid, und dabei erkannten wir auch, dass jeder einzelne einen aktiven Beitrag zur Gestaltung und Organisation beitragen muss. Das war die Geburt der bewussten Selbstorganisation. Wir brannten geradezu darauf, die Werkstattorganisation selbst gestalten zu dürfen, so wie wir es für richtig hielten. So wie Michael uns eingebunden hat, haben wir auch gleich versucht, unsererseits die eigenen Mitarbeiter einzubinden. Die haben plötzlich die Welt auch nicht mehr verstanden. Da aber der Betriebsrat von Anfang an mit im Projektteam war, wurden die Mitarbeiter laufend informiert und konnten damit letztlich leichter eingebunden werden. Viel Aufklärungsarbeit hatte ja zum Teil schon viel früher eingesetzt, zu einer Zeit, als wir von dieser Planung noch gar nichts wussten. Hans war so voller Tatendrang, dass er gleich zuviel wollte. Weil ihm unser Vorgehen zu langsam war - obwohl ich im Nachhinein unsere Geschwindigkeit kaum glauben kann, das war ja fast schon Überschall - plante er zum Teil auf eigene Faust. Da haben wir ihn dann zurückgepfiffen, und er musste seine Planungen genauso mit uns abstimmen. Der Prozess der Planung begann praktisch fast von selbst, als dieses neue Bewusstsein uns weitere Erkenntnisse und Einsichten brachte, damit unser Verhalten änderte, und so wurde die Eigenverantwortung von uns erkannt, die bewusste und konstruktive Selbstorganisation war geboren. Gewisse Dinge wie Mitarbeiterführung, Umgang mit Kollegen, vor allem aber die Art der Fertigungssteuerung änderten wir gleich. Auch Sepp erkannte, dass der

zentrale Leitstand nicht weiterhin das Ziel sein konnte, das verbessert werden musste, sondern dass er ein Teil des Problems war. Schlagartig haben sich einige Kennzahlen verbessert."
"Wie ist es euch ergangen, als ihr Verantwortung übernehmen musstet?", will Veronika wissen.
"Gut", antwortet Hans prompt. "Früher wurden wir doch nur als Menschen betrachtet, die befähigt sind, Anweisungen anzunehmen und diese Arbeiten auszuführen. Die Verantwortung hatte nur die Betriebsleitung, und Robert achtete auf eiserne Disziplin. Effizient war unser System dadurch nicht, weil niemand sich getraute, Entscheidungen zu treffen, und Robert war oft nicht verfügbar, oder er traf selbst auch keine Entscheidung. ‚Das muss ich mir noch überlegen' oder ‚Da muss ich selbst fragen', waren häufige Begründungen. Dadurch waren wir starr, weil niemand etwas unternommen hat, und die Auswirkungen haben wir selbst wieder zu spüren bekommen. Wir waren allesamt ‚Unterlasser' statt ‚Unternehmer'. Am schlimmsten für mich war es, wenn eine Entscheidung einen Mitarbeiter von mir betroffen hat, und er wollte wissen, wie diese ausgefallen ist. Das war oft sehr unangenehm, und die Mitarbeiter konnten ganz schön grob sein, obwohl wir nichts dafür konnten."
"Dass wir einmal wichtig werden und gefragt sind, das hätte sich früher keiner zu denken gewagt. Heute stehen unsere Bedürfnisse, Erwartungen und Gefühle im Vordergrund", fügt Norbert hinzu. "Die Führungsaufgabe der Geschäftsleitung steigert sich durch Anleiten statt Anordnen zu einer neuen Qualität, und diese wird ergänzt durch die Erschließung weiterer Fähigkeiten, Energien und Kreativität bei den Mitarbeitern. Diese Art der Führung ist sehr schwierig. Deshalb begnügen sich viele Führungskräfte nach wie vor mit Anordnen, weil das am leichtesten ist, und Widerspruch wird nicht geduldet."

"Widerstand hat es bei euch nie gegeben?", fragt Manfred ungläubig.
"Im ganz Kleinen vielleicht schon. Ein paar ganz Uneinsichtige hat es schon gegeben, die lange Zeit glaubten, die Geschäftsleitung will jetzt auch noch die Verantwortung auf uns abwälzen. Die haben das System nicht begriffen. Wenn man weiß, warum Widerstände entstehen, begreift man schnell, warum es bei uns kaum Widerstände gegeben hat."

"Du sagst ‚kaum'! Also hat es doch Widerstand gegeben", bohrt Manfred nach.
"Als die neue Organisation bekannt wurde, haben ein paar Mitarbeiter die Veränderung als Abwertung empfunden. Das waren mittlere bis untere Führungskräfte, meist Leute, die den neuen Aufgaben nicht gewachsen waren. Und vor der Maschinenumstellung waren einige Mitarbeiter verunsichert, weil sie befürchteten, dass ihr Arbeitsplatz gefährdet sein könnte. Zumindest gaben sie das damals vor. Später hat sich teilweise herausgestellt, dass sie einfach nicht in einem Team arbeiten wollten. Diese Mitarbeiter hatten Integrationsprobleme. Meist arbeiteten sie schon sehr lange als Einzelkämpfer, hatten sich einen hohen Grundlohn herausverhandelt, und wussten, wie sie zu hohen Prämien kamen. Es gab aber auch die umgekehrte Situation: Mitarbeiter waren im alten System höchst unzufrieden, nörgelten und erbrachten die erwartete Leistung nicht. Und im neuen System haben sie sich zu guten Mitarbeitern entwickelt. Ich bin vorgestern schon einmal darauf eingegangen, wenn du dich erinnerst?"
"Was mich anfangs wunderte", mische ich mich ein, "war die Tatsache, dass keine Widerstände gegen das Konzept selbst kamen. Der Grund dafür liegt wahrscheinlich darin, dass die früheren Schulungen bereits ein hohes Problembewusstsein brachten. Die Kommunikation wurde bereits deutlich besser, das Ziel war klar und eindeutig und wurde auch akzeptiert. Durch die Tatsache, dass es praktisch nur ein wirkliches Oberziel gab, konnten sich alle mit allen Kräften darauf konzentrieren. Das alles brachte letzten Endes auch noch Vertrauen. Ich glaube, das sind die wesentlichen Gründe, warum es keine nennenswerten Widerstände gab."

"Das ist meines Erachtens aber noch nicht alles", wirft Peter ein. "Zuerst gab die Mitwirkung jeder Führungskraft die Möglichkeit, sofort Maßnahmen umzusetzen. Norbert hat erzählt, dass sich einige Kennzahlen schlagartig verbessert haben. Diese besseren Ergebnisse gaben jedem in seinem Bemühen Recht, und brachten Anerkennung. Das spornt an. Jeder hat dann gleich nach dem nächsten Schritt geschaut: Welches Detailziel kann als nächstes erreicht werden. Nichts motiviert mehr als der Erfolg. Die positive Spirale hat sich zu drehen begonnen. Was zuletzt genau was bewirkte, kann heute gar nicht mehr

gesagt werden. Tatsache ist, dass sich gleichzeitig die Kommunikation und die persönliche Achtung und Wertschätzung, die sich im alltäglichen Umgang miteinander ausdrücken, schlagartig verbesserten. Sepp, du hast doch beim Aufstieg zur Stüdlhütte gemeint, früher hättest du dir nicht vorstellen können, mit einem Meister eine Bergtour zu unternehmen."
Sepp fühlt sich ertappt und nickt verlegen. Bald aber erkennt er, dass es seine ‚Brille' ist, die ihn die Dinge im alten Licht erscheinen und dadurch erröten lassen. "Ja, es braucht einen gewissen Mut, dies auch zugeben zu können", meint er.
"Da unterscheidet sich euer Vorgehen von den üblichen Methoden aber erheblich", stellt Manfred anschließend fest.
"Ja", gebe ich ihm Recht. "Es gibt viele gute Bücher. Sie schreiben von neuen Konzepten und Methoden, von dynamischen, komplexen Systemen, und dass linear kausale Lösungswege nicht zum Ziel führen. Sie sind interessant zu lesen, und sie sind auch gut geschrieben. Trotzdem ist es nur wenigen Unternehmen möglich, diese Konzepte aufzugreifen und sie wirklich umzusetzen."
„Woran liegt das eurer Meinung?"
„Entweder liegt es an den angebotenen Lösungswegen, oder die Verantwortlichen sind zuwenig in der Lage, diese auch richtig anzuwenden. Dieses Problem hatten wir nicht."

"Das wundert mich auch", sagt Peter. "Warum greifen die vielen Lösungsansätze nicht, warum bleiben so viele Konzepte nur Schlagwörter?"
"Ich glaube sogar, dass sie manchmal missbräuchlich verwendet werden", gebe ich zu bedenken, "es gibt sogar Führungskräfte, die die rigide Streichung einer Hierarchieebene und die Kündigung von Mitarbeitern mit einem ‚Lean' Konzept gleichsetzten."
"Weil sie das Wesentliche, was ‚Lean' ausmacht, nicht verstehen, oder nicht verstehen wollen?" meint Peter daraufhin.
"Das, glaube ich, ist es nicht", wirft Veronika ein. "Jeder dieser Führungskräfte kann euch wahrscheinlich alle Elemente des ‚Lean Managements', des ‚Total Quality Managements', oder wie sie alle heißen mögen, sogar auswendig aufzählen. Und sie erklären euch auch

die Zusammenhänge. Das ist aber nur äußerliche Fassade. Mit dem Geist verstehen sie es schon, aber mit der Seele nicht."
Diese Aussage von Veronika löst Nachdenklichkeit aus. „Da gibt es also zwei Dinge", denkt jetzt jeder, „Geist und Seele, und beide müssen wollen."
"Jeder Mensch hat eine natürliche Ambivalenz", fährt sie nach dieser Denkpause fort. "Diese kommt aus der Polarität scheinbar gegensätzlicher Kräfte."
"Was meinst du damit?" ist Hans ungeduldig.
"Diese Polaritäten sind zum Beispiel Liebe und Hass, Sympathie und Antipathie, Bindung und Freiheit, Schöpfung und Zerstörung. Da gibt es noch viele Beispiele. Das stärkste Beispiel ist vielleicht Geburt und Tod. Beide bedingen einander, das ist bei allen Polaritäten so. Die Ambivalenz wird krankhaft, wenn sie zu stark die Persönlichkeit einschließt, ja sie sogar so verknüpft, dass daraus ein Widerspruch wird. Der scheinbare Widerspruch wird ein echter Widerspruch. Persönliche Eigenschaften wie Geltungsbedürfnis, Prestige, Machtanspruch, Ansehen, Egoismus, Gier und andere fördern diesen Widerspruch. Durch diese Eigenschaften werden die Ziele mehr und mehr auf die eigene Person konzentriert, und sie stehen dann nicht mehr - zumindest nicht mehr so, wie es sein sollte - im Dienste der Gemeinschaft. Stellt euch zwei Flüsse vor: Jeder Fluss stellt eine Polarität dar, mit einer bestimmten Eigenschaft, sprich bestimmten Färbung des Wassers. Wenn diese zwei Flüsse zusammenkommen, vermischt sich das Wasser, und wir können nicht mehr erkennen, aus welchem Fluss das Wasser kommt. Die vorhin genannten Eigenschaften trüben das Wasser noch mehr, und zwar sosehr, dass selbst eine genaue Analyse nicht mehr möglich ist. Diese ‚Trübung' wird vor allem durch eine narzisstische Haltung verstärkt."
"Lest in der griechischen Mythologie die Geschichte von Narkissos", gibt sie einen Hinweis, "der war so stark in sich selbst verliebt, dass er daran starb."
"Sterben möchte ich nicht", stellt Peter fest.
„... aber verliebt bist du auch", neckt ihn Veronika, bevor sie weiter erklärt: "Projekte in Betrieben werden fast nur aufgrund von äußerem Druck eingeleitet. Zum Beispiel, weil der Kostendruck zu hoch ist, weil der Absatz gesteigert werden soll, weil der Chef es will. Die Initiative

wird aus dem Zwang - zumindest für die Führungskraft - gesetzt, etwas tun zu müssen, und nicht aus einer Freiwilligkeit."
"Das stimmt aber jetzt nicht", meint Manfred, "ich habe schon auch freiwillig Projekte gestartet."
"Du hast Recht, ich darf das nicht einschränken. Bezüglich hoher Erfolgswahrscheinlichkeit schließe ich diese Freiwilligkeit aber dann aus, wenn sie aus Motiven wie ‚guter Ruf', ‚Prestige', ‚am neuesten Stand sein wollen', ‚Image' und so weiter entspringen. Diese Motive werden bald von den Mitarbeitern als ‚Kostümkleider' entlarvt. ‚Alles nur Theater', diesen Ausspruch kennt ihr doch! Da fällt mir etwas dazu ein, was mir in Amerika öfter aufgefallen ist: Du kaufst einen wunderschönen Apfel, außen glänzend, weil er gewachst wird, aber innen, das Fruchtfleisch, das schmeckt nicht."
Peter lacht auf und zeigt mit dem Finger auf Josef.
"Du lachst, weil ich von meinem Apfel einen Bissen ausgespuckt habe? Das war nur eine weiche Druckstelle, sonst hat er mir sehr gut geschmeckt."
"Dieses ‚Nicht-Schmecken' spüren die Mitarbeiter, und sie sind nicht richtig bei der Sache. Sie reagieren mit Desinteresse, Wurstigkeitsgefühl, zunehmenden Grobheiten mit Dingen und Personen bis zur stummen Revolution. Dabei entsteht eine massive Ablösung gegenüber dem Chef oder der Firma, oder auch gegenüber einzelnen Kollegen. Die Folge ist häufig - vor allem wenn niemand das Projekt richtig und ehrlich vorantreibt, dass dieses ‚Nicht-Schmecken' zum Abbruch führt."
"Das sind dann die vielen Projektleichen", wirft Peter ein.
"Wenn der Anstoß aber nicht von außen kommen darf, dann muss er von innen kommen", stellt Hans sinnigerweise fest. "Worin liegt der Unterschied?"
"Wichtig ist die Absicht, die damit verfolgt wird. Welche Dinge will ich zulassen, welche schränke ich ein? Allein schon der Gedanke daran gefährdet das Projekt."
Das versteht Hans jetzt gar nicht, und er schüttelt heftig den Kopf.
"Das zu erklären würde jetzt zu weit führen. Aber lies zu Hause nach bei Rupert Sheldrake. Sheldrake schreibt von morphogenetischen Feldern und von morphischer Resonanz. Damit meint er, dass wir in ein kollektives Gedächtnis eintreten, das heißt, dass wir Gedanken anderer

spüren können, und dass diese Gedanken auf unser Verhalten einen Einfluss haben."
Hans staunt: "Das klingt ja interessant."
"Es kommt also auf unsere Absicht an", wiederholt Veronika, "welche Ziele wir verfolgen, welche Lösungen wir zulassen wollen, welche Freiheit in der Gestaltungsmöglichkeit wir erlauben. Die Frage - Was wollen wir wirklich? - führt uns zurück zu den zwei Flüssen. Durch zirkuläres Fragen - das kennt ihr ja schon - wird praktisch das Wasser gefiltert, das entspricht einem Zurückgehen bis zur Quelle, und daraus lassen sich die Lösungen dann kreieren."
"Da wird mir wieder Einiges klarer", stellt Norbert fest, und vergewissert sich bei Veronika: "Daraus ergeben sich die hohen Ansprüche an eine Führungskraft. Einerseits darf er keine fachlichen Defizite aufweisen, sondern er muss alles können, andererseits darf er auch keine menschlichen Defizite aufweisen. Kann es diesen Wundermenschen überhaupt geben?"
"Das heißt jetzt nicht, dass eine Führungskraft vollkommen sein muss, aber ihre Einstellung und Gesinnung muss stimmen, und diese muss ehrlich sein. Fachliche Defizite lassen sich leicht durch andere Fachleute abdecken. Ich kann sie ruhig zugeben, ich muss sie sogar zugeben, um ehrlich zu sein. Das wird jeder Mitarbeiter verstehen und billigen."
"Auf einen kurzen Nenner gebracht heißt das: nicht die Methoden sind schlecht, sondern die wahre Absicht ist möglicherweise nicht ehrlich genug", vereinfacht Josef das Gehörte. "Sie lösen ihre Ambivalenzen nicht auf! Sie denken: Mach diese Schulung, aber werde mir nicht zu gescheit. Werde erwachsen, aber werde nicht zu selbständig, sondern frage und brauche mich noch. Sobald sich ein Vorgesetzter überflüssig vorkommt, wenn er selbständige Mitarbeiter hat, boykottiert er sofort diesen Prozess des Selbständig-Werdens, automatisch und unbewusst. Dies ist häufig auch mit Angst verbunden. Die schürt doch auch immer jemand."
"Das musst du erst einmal alles begreifen", stellt Peter fest. Er tippt sich mit dem Mittelfinger an die Stirn und sagt nach einer Denkpause, als hätte er den gordischen Knoten gelöst: "Der Veränderungsprozess muss also bei mir selbst beginnen! Ich bin für meinen Wert selbst verantwortlich, habe ich verstanden. Das heißt, wenn ich meine

Wertbeurteilung nicht von anderen Menschen, oder gar von Äußerlichkeiten abhängig mache, bin ich diesbezüglich immun. Das erlaubt mir dann, frei zu handeln, damit meine ich, eigenständig zu handeln, weil ich diese Normen nicht mehr erfüllen muss. Damit bin ich authentisch. Meine Handlungen sind echt, damit auch überzeugend, und das führt wiederum zu den erwünschten Lösungen. Hm, dieser Kreislauf gefällt mir."

„Aber gar nicht so leicht zu verstehen!“ Veronika dämpft die aufkeimende Euphorie.

"Das gibt Stoff zum Nachdenken und Verarbeiten." Mit diesen Worten will Josef schon aufstehen.

Veronika hält ihn zurück, indem sie ergänzt: "Ich glaube, da gibt es noch einen wichtigen Punkt zu beachten. Ein bedeutender Widerspruch, ein Hemmschuh praktisch, liegt in der Diskrepanz ‚Alte Lösung - Neue Lösung’. Die alte Lösung sagt mir: ‚Du bist ein Versager.’ Ich fühle mich schlecht dabei. Die neue Lösung sagt: ‚Du wirst erfolgreich’. Diese Polarität löst einen weiteren inneren Konflikt aus. Der wiederum wird verstärkt, wenn die alte Lösung von dir selbst kommt, quasi ‚dein Kind’ ist. Das alte Konzept, das jeder selbst erlebt hat, oder an dessen Entstehung er sogar mitgewirkt hat, ist stärker mit Energie aufgeladen, weil es auch schon viel mehr Handlung beinhaltet, als das neue Konzept, das noch viel Ungewisses in sich birgt. So entstehen zwei Polaritäten in mir, die immer wieder zu einem inneren Kampf führen können. Sieger bleibt dann häufig das Erste, das ich mit Energie beladen habe. Es ist stärker als das Neue, das Unbekanntes verbirgt, mich aber erfolgreich machen soll. Es bedarf eines ausgeprägten Wollens und eines hohen Selbstwertgefühls verbunden mit einer festen Überzeugung, soll das neue Konzept siegen. Du musst die alte Lösung würdigen und erkennen, welchen sinn sie einmal gehabt hat. Dann kannst du sie abschließen und wirst damit frei für eine neue Lösung."

„Das ist heftig“, denkt Josef, und er trinkt sein Glas aus.

XI. Die Reflexion

"Jetzt verstehe ich schon sehr gut, warum ihr erstens zum Erfolg gekommen seid, und zweitens, warum das alles so derart schnell möglich war. Überrascht bin ich sehr, dass ihr diesen Umdenkprozess so schnell habt mitmachen können", beginnt Manfred.
"Na ja", schwäche ich ab, "du denkst jetzt an die reine Projektzeit. Wenn du die ganze Zeit der mentalen Vorbereitung dazu nimmst, hat es auch bei uns etwas länger gedauert."
"Trotzdem", würdigt Manfred die Einführungsgeschwindigkeit, "eine gewisse Inkubationszeit gibt es doch bei jedem Projekt und bei jeder Veränderung."
Manfreds Interesse gilt aber bereits einem anderen Thema: "Hans hat erzählt, dass ein paar Meister die organisatorischen Veränderungen als Abwertung empfunden haben. Hat die Organisationsveränderung nur die Meister betroffen?"
"Nein, natürlich nicht. Das hat alle Bereiche umfasst. Schwierig war es eigentlich nur bei der Qualitätssicherung. Die Anzahl der Meister wurde zwar reduziert, weil dafür Teamleiter installiert wurden. Einige konnten neue Aufgaben übernehmen, für die sie besser geeignet waren, andere konnten im neuen Schwesterbetrieb untergebracht werden. Für die Qualitätssicherung aber war das ‚Verlernen' sehr schwer."
"Was sollten die verlernen? Ich dachte immer nur, man muss lernen!"
"Im Grunde genommen schon. Damit aber neues Lernen umgesetzt werden kann, muss man oft altes Wissen verlernen."
"Und was hätten die Zuständigen für Qualitätssicherung verlernen sollen?" "Einiges", und bei der Erinnerung daran verspüre ich noch heute alten Ärger. "Da war zunächst einmal ihr Verständnis von ihrer Aufgabe. Herr Mayer hat sich immer diebisch gefreut und ist gleich zu mir gekommen, wenn er ein Los gefunden hat, das gesperrt werden musste. Er hat sich als Held gefühlt, der ausgezeichnet werden sollte, und ich habe meine liebe Not mit ihm gehabt, ihm immer wieder zu erklären, dass die Kosten in diesem Fall bereits verloren waren. Meine Erklärungen, dass die Mitarbeiter die Qualität zu erzeugen hätten, und dass diese ihre Arbeit durch Selbstkontrolle zu überprüfen hätten, wollten einfach nicht bei ihm Platz greifen. Dadurch haben die

Mitarbeiter die Einführung der Selbstkontrolle hinausgezögert. Auch in ihrem Denken mussten die Arbeiter einiges verlernen."
"Was hätten sie deiner Meinung nach tun sollen?", will Manfred wissen.
"Ganz einfach: Sie sind verantwortlich für das Qualitätssicherungskonzept. Das beginnt bei der Qualitätsphilosophie über die Qualitätsplanung und Qualitätslenkung bis zur Mitarbeitermotivation."
„Kann man Mitarbeiter zur Qualität motivieren?" Veronika sieht mich fragend an.
"Hm", lache ich verlegen und fühle mich aufgedeckt. "Motivieren ist vielleicht falsch ausgedrückt. Ich meine, ihre positive Einstellung zur Qualität muss gegeben sein. Meiner Meinung nach lässt sich die gesamte Motivation auf die richtigen Ziele und auf das Geben von Anerkennung zurückführen. Alles andere sind Voraussetzungen und Rahmenbedingungen."
"Ein Leitbild für die Qualität haben wir auch", meint Manfred stolz und verweist auf das Qualitätsverständnis seines Unternehmens.
"Und da steht in Punkt sechs das Null-Fehler-Programm", schießt es aus Hans heraus.
Manfred sieht ihn mit großen Augen an und denkt offensichtlich: „Der kann doch unsere Qualitätsphilosophie gar nicht kennen!"
Hans spürt seine Betroffenheit und meint dazu: "Die meisten Firmen haben das Null-Fehler-Programm in ihrem Konzept. Das war auch bei uns so. Das hat dem Robert am meisten Kopfzerbrechen bereitet, weil er so stolz darauf war, obwohl er es abgeschrieben hat."
"Und was ist so schlimm daran?", fragt Manfred irritiert.
"Weil es jedes Lernen verhindert. Wer lernt, macht Fehler. Wenn er aber keine Fehler machen darf, lernt er entweder nicht mehr, oder er vertuscht die Fehler. Dabei nimmt er aber sich und anderen das enorme Lernpotenzial, aus Fehlern zu lernen. Michael hat statt dem Null-Fehler-Programm den Begriff der ‚Fehlerfreundlichkeit' eingeführt. Damit wollen wir ausdrücken, dass jeder jeden Fehler machen darf, bis auf den, einen Fehler zu vertuschen. Das heißt aber nicht ‚Fehlertoleranz'. Natürlich sollte jeder aus seinem Fehler sofort lernen, damit dieser nur einmal auftritt. Und wie wir gesehen haben, führt dies viel schneller in die Nähe der Null-Fehler-Grenze, als dieses unsinnige

Programm es je gekonnt hätte. Diese Fehlerfreundlichkeit ist heute wesentlicher Teil unserer Unternehmungskultur, weil dadurch ein geistiges Klima geschaffen wurde, das kontinuierliches und offenes Lernen ermöglicht und sogar fördert. Die Angst vor Fehlern lähmt, weil eine hohe Unsicherheit dazukommt."
Hans wird durch den zustimmend nickenden Manfred kurz unterbrochen. "Null-Fehler-Programm durch Fehlerfreundlichkeit ersetzen", schreibt sich Manfred auf einen Spickzettel, und liest das Geschriebene dabei.
"Du verstehst warum? Weil zur Unsicherheit, die durch das Lernen selbst hervorgerufen wird, die Unsicherheit der Reaktion auf mögliche Fehler dazukommt."
"Warum macht Lernen Unsicherheit?", ist Manfred verblüfft.
"Das hast du jetzt nicht ganz richtig verstanden", lacht Hans. "Lernen baut Unsicherheit ab, und baut Sicherheit auf. Zu Beginn jedes Lernens ist die Unsicherheit am Größten, am Ende am Geringsten. Irgendwo dazwischen kommt die Phase des ‚Versuch und Irrtum'. Wenn der Fehler nicht zulässig ist, kann auch kein anwendungsorientiertes Lernen erfolgen, und darum geht es in der Wirtschaft doch meistens."
"Jetzt beginne ich zu verstehen, warum bei uns trotz intensiver Bemühungen und viel Geld für Schulungen und Kurse kaum ein Mitarbeiter ernsthaft an Veränderungen, an Umsetzungen arbeitet. Ich habe immer geglaubt, meine Leute können oder wollen nicht", kommt Manfred eine Erleuchtung.
"Dieses Programm der Fehlerfreundlichkeit wollte Herr Mayer gar nicht verstehen, und so hat er sich auch den Mitarbeitern gegenüber benommen. Anfangs habe ich oft Klagen gehört, Herr Mayer hätte wieder lautstark einen Mitarbeiter wegen eines Fehlers öffentlich gerügt", ergänze ich noch.

"Jetzt würde ich von euch gerne eine Erklärung zu zwei Phänomenen bekommen, die ich mir nicht ganz schlüssig erklären kann", beginne ich das Frage - Antwort - Spiel einmal umzudrehen. "Wie erklärt ihr euch das Erste, dass - offensichtlich im Zusammenhang mit unserem Projekt - die Krankenstände deutlich gesunken sind, und das Zweite, dass sich das Projekt auch auf das Privatleben auswirkt?" Ich sehe Veronika und Manfred abwechselnd an. „Diese Frage werden sie nicht beantworten

können", denke ich. „Vielleicht hat das auch gar nichts miteinander zu tun." Mein Blick bleibt bei Veronika hängen.
"Woher weißt du überhaupt", fragt sie zurück, "dass es sich ausgewirkt hat, und wie äußert sich das?"
"Die Krankenstände sind in letzter Zeit deutlich gesunken, das zeigt eindeutig die Fehlzeitstatistik."
"Und wie kommst du auf die Auswirkungen im Privatleben?"
"Das ist eine unglaubliche Geschichte: Letzten Herbst, etwa zwei Monate nach der Umstellung, habe ich einen Tag veranstaltet für alle Mitarbeiter mit dem Motto ‚Bring your family', damit die Familienangehörigen die Möglichkeit erhalten, den Arbeitsplatz des Partners oder eines Elternteils einmal kennen zu lernen. Eine Absicht war unter anderem auch, dass die Partner einbezogen werden und somit auch mehr Verständnis für die berufliche Situation aufbringen können. Der Betriebsrat ist damals zu mir gekommen, und sagte zu mir: ‚Stell dir vor, jetzt sind zwei Ehefrauen von Mitarbeitern zu mir gekommen und haben mich gefragt, was wir mit ihren Männern gemacht haben. Sie wären in letzter Zeit total verändert.' Das Positivste wäre, so hat es mir Johann erzählt, das neue Engagement zuhause, und dass sie früher nach Hause kämen, anstatt noch wie gewohnt nach der Arbeit auf ein Bier zu gehen."
"Das ist doch schön, oder?", meint Veronika.
"Natürlich ist es schön", bestätige ich, "aber lassen sich diese Phänomene erklären?"
"Um die wirklichen Gründe für dieses Verhalten zu erkennen", beginnt Veronika ihre Erklärung, "müsste ich mit diesen Mitarbeitern persönlich reden. Da das jetzt aber nicht möglich ist, versuche ich es aus meinem Verständnis heraus zu erklären: Ich glaube, das Verhalten jedes Menschen widerspiegelt in gewissem Maße sein Erleben. Wie erlebt der Mitarbeiter seine Arbeitswelt? In diesem Wort ‚erlebt' stecken eigentlich zwei Wörter: ‚Er lebt'. In meiner beruflichen Praxis begegne ich immer mehr Menschen, die zwei Identitäten aufgebaut haben. Beim Hineingehen zum Werkstor wird die eine Identität abgestreift und die andere angezogen. Beim nach Hause gehen ist es umgekehrt. Dies erscheint uns aber nur äußerlich so, im Empfinden, innerlich gibt es diese Trennung nicht. Die Frage ist, welche Möglichkeiten zum ‚Leben' hat der Mitarbeiter in der Firma. Erlauben

ihm seine Arbeit und seine Umgebung, hier insbesondere der oder die Vorgesetzten, zu leben, sich zu entfalten? Erlebt dieser Mitarbeiter wenig Möglichkeiten, sich auszudrücken und sich zu entfalten, zum Beispiel, weil er nur Anweisungen ausführen darf, die Arbeit monoton ist, der Vorgesetzte sehr autoritär führt, dann erlebt er Ohnmacht. Er hat vielleicht Ideen und möchte Dinge anders machen, darf es aber nicht, oder er wird nicht gefragt, oder noch schlimmer, seine Idee wird abgewertet, lächerlich gemacht. Er kann keinen Einfluss nehmen, er fühlt sich machtlos. Ohnmacht ist der Gegenpol zu Macht. Hat dieser Mann nun keine Möglichkeit, sein Wesen auszuleben - das heißt, er muss alle seine Aggressionen aufstauen, sein Wissens- und Tatendrang wird nicht abgerufen und staut sich ebenfalls - so tut er dies bei der erst besten Gelegenheit, die sich ihm bietet. Da ist es für die Ehefrau sogar noch gut, wenn der Mann vorher ins Wirtshaus geht, weil er dort bereits seinen ersten ‚Dampf' ablassen kann. Wenn einmal ein gewisser ‚Staudruck' erreicht ist, so lässt sich diese Energie nicht mehr nutzbringend umsetzen, das ist wie ..."
"Wie bei einer Dampfturbine, wenn der Dampfdruck zu hoch ist", hilft Hans Veronika mit einem Beispiel aus. "Der hohe Druck würde die Schaufeln glatt abreißen."
"Danke", lächelt Veronika. "Im Gasthaus weiß jeder dann alles besser, dort können sie ihre Ohnmacht ablegen. Das ist einmal ein Teil. Ein anderer Teil liegt in der Qual der inneren Unterdrückung. Sie kann man einfach loswerden, indem man sie nach außen stülpt, das heißt, man wendet selbst Macht an, und zwar dort, wo es möglich ist: Bei seinen eigenen Mitarbeitern, wenn man selbst Führungskraft ist. Das nennt man dann das ‚Radfahrersyndrom'. Das heißt, nach oben buckeln und nach unten treten. Oder am einfachsten ist es in der eigenen Familie! Diese Machtausübung erfolgt teilweise sehr subtil in Form von Vorwürfen. Mit einem Blick von oben herab betritt der Mann - oder der Partner, der von der Arbeit kommt - die Wohnung. Ihm oder ihr wird mit verbalen oder nonverbalen Vorwürfen entgegengetreten. Dieser überschüttet daraufhin den Partner mit Gegenvorwürfen, zum Beispiel: Was hast du den ganzen Tag getan? In Wahrheit sind das aber nichts anderes als nach außen gerichtete Selbstvorwürfe. Mit dem Sündenbock-Mechanismus wird Selbstunterdrückung zur Unterdrückung anderer, die dann genau das erleiden müssen, was man

selbst nicht auf sich nehmen wollte. Hinter diesen Selbstvorwürfen steckt auch noch der Mangel an väterlicher Wärme, beziehungsweise der wärmende Kontakt mit den Kollegen. Empfindet der Mitarbeiter nur Unterdrückung und Konkurrenz, begegnet er seiner Partnerin mit Hunger nach Wärme, Nähe und Anerkennung. Das Problem dabei ist aber, dass die Frau den Mangel an männlicher Wärme - wie sie der Vater seinem Sohn gibt, oder auch der Vorgesetzte seinen Mitarbeitern geben kann - nicht auffüllen kann."
„An was man alles denken sollte“, kommt mir in den Sinn, und bevor ich noch etwas sagen kann, unterbricht Norbert die Stille.
"Es gibt noch einen dritten Punkt: Willi Grill hat mir einmal erzählt, er managt zu Hause jetzt auch alles ganz anders, und damit wäre er sehr erfolgreich. Er wendet Methoden, die er bei uns gelernt hat, in seinem Privatbereich an."
"Kennst du ein Beispiel dafür?", will Veronika neugierig wissen.
"Eines fällt mir gleich ein, da habe ich mir nämlich gedacht, das könnte ich bei mir privat auch einführen. Willi hat erzählt, dass seine Frau und seine Töchter immer beanstandet hätten, er täte zuwenig zuhause. Er selbst hatte das Gefühl, kaum mehr machen zu können, und das ewige Nörgeln nervte ihn ordentlich. Eines Abends gab er seiner Frau und seinen Töchtern Papier und Bleistift, und ließ sie alles aufschreiben, was zu tun wäre. Er selbst machte auch mit. Diese Blätter wurden dann konsolidiert, und danach wurde eine Bewertung nach der Wichtigkeit dieser Aufgaben vorgenommen. Was sollte als Erstes geschehen? Diese Liste hat er dann in der Küche aufgehängt, und seine Frau strich jeweils die erledigten Aufgaben durch. Er zog einen zweifachen Nutzen daraus! Erstens erkannte er, dass er Dinge tun wollte, weil er glaubte, diese wären seiner Familie wichtig, die aber seiner Familie gar nicht wichtig waren. Und zweitens konnte seine Familie jetzt sehen, wie viel er eigentlich zu Hause leistete. Obwohl er jetzt - so behauptet er zumindest - weniger arbeitet, bekommt er von seiner Familie mehr Anerkennung."
"Ein schönes Beispiel", findet auch Manfred anerkennend.
"Gilt das Gesagte auch für die Fehlzeiten?" bohre ich nach.
"Großteils sicher", findet Veronika, "und in dem Maß, in dem sich die Ohnmacht auflöst, löst sich das Gefühl, keinen Einfluss zu haben und unbedeutend zu sein, auch auf. Ich bin überzeugt, dass jede Krankheit -

ich bin sogar so verwegen, selbst Unfälle dazuzuzählen - ihren Ursprung im Gefühl des Mangels an Liebe - Selbstliebe - oder im Gefühl des Mangels an Einfluss - Macht - hat. Dieser erlebte Mangel raubt uns Energie. Wir beschäftigen uns mehr damit, diesen Gefühlen nachzuhängen und uns selbst zu bedauern, als dass wir aktiv eingreifen würden, um diese Gefühle aufzulösen. Die Gefühle von Wut und Zorn als den harmlosesten Ausdruck einen Gefühlsmangels kennt sicher jeder. Schlimmer wird es schon, wenn Angst entsteht, und am Schlimmsten ist es, wenn Hoffnungslosigkeit herrscht. Hoffnungslosigkeit kommt der inneren Kündigung gleich, und kann mit einem Wurstigkeitsgefühl verbunden sein. Liebe ist eine Form der Bestätigung und gegenseitigen Anerkennung. Fehlt diese Bestätigung und Anerkennung, äußert sich dies zunächst in Arroganz. Die nächsten Folgestadien sind Sucht und Schuldgefühle Zuletzt kommen Verzweiflung, Kummer und Schmerz dazu, die bis hin zur kompletten Isolation führen können. Wenn eine Führungskraft seinen Mitarbeitern Bestätigung und Anerkennung gibt, kann er ein latentes Potenzial erschließen, mit sehr starken Kräften. Dieses Potenzial wird aktiviert durch Mut, Annahmebereitschaft und Harmonie. Dabei entsteht ein gesundes Gefühl der ‚Macht' im Sinne des ‚Machens', der ‚Schaffenskraft', das verstärkt durch die Funktionslust, das heißt, durch die höheren Kenntnisse und Fertigkeiten, das Erleben von ‚Lust' empfinden lässt. Wenn jemand Spaß an etwas hat, dann habe ich noch nie erlebt, dass sich jemand diesem Spaß entziehen will."
"Richtig", nickt Hans, "seit wir dieses Projekt in Angriff genommen haben, werde ich jeden Morgen von selbst wach, denke im Bett schon nach, was ich heute alles tun möchte, und freue mich auf die Arbeit."
"Das sind ja fast paradiesische Zustände, davon sind wir weit entfernt", bedauert Manfred.
"Im Paradies musst du gar nicht arbeiten", korrigiert ihn Peter, "aber ohne Anreiz, ohne Ziel muss das Leben fad sein, stelle ich mir vor."

"Ihr habt doch sicher auch ein Organigramm?", stellt uns Veronika überraschend eine Fangfrage, die wir erst zu spät als solche erkennen können. Wir haben aber im Folgenden viel daraus gelernt.
„Natürlich", vermeldet Peter stolz, "schließlich bin ich auch für organisatorische Fragen verantwortlich!" Mit den Händen

gestikulierend fährt er fort: "Seit der Umstellung gibt es nur mehr drei hierarchische Ebenen: Geschäftsleitung, mittleres Management, Mitarbeiter. Die Teamleiter werden nicht als eigene Ebene geführt, die arbeiten ja auch achtzig Prozent ihrer Zeit direkt produktiv mit. Sie sind in ihrer Ebene die 'Ersten unter Gleichen'."
"Ich habe es mir gedacht", meint Veronika, "ihr habt da einen Denkfehler."
Wir verstehen zunächst nicht, was sie damit meint.
"Ihr redet so selbstverständlich von komplexen Systemen und von vernetztem Denken, und dann wollt ihr eine Ordnung mit einfachen, linearen und funktionalen Organigrammen herstellen. Dazwischen gibt es nichts mehr, keine informelle Organisation?"
"Die informelle Organisation ist ja fast wichtiger als die formelle", betont Peter, "ohne die läuft gar nichts."
"Und dann erwähnt ihr sie gar nicht?", kritisiert Veronika, und erklärt uns die Bedeutung der Organisation aus ihrer Sicht: "Jede Organisation stellt in einer Weise Ordnung her, und reduziert dabei die Komplexität eines Systems. Die Frage ist nur, inwieweit wird die Ordnung dadurch hergestellt, weil durch Ordnung Freiraum eingeschränkt ist. Es gilt daher, das richtige Maß an Ordnung zu finden. Das nächste ist, wie diese Ordnung hergestellt wird. Ich meine dabei den Grad der Verbindlichkeit und der möglichen Maßnahmen, wenn dagegen verstoßen wird. Interessant ist, dass durch das bloße Zusammenwirken von Menschen und durch deren Verhalten auch ohne planmäßiges Erlassen von Regeln Ordnung entsteht."
"Das haben wir auch weitgehend so gemacht", antwortet Peter stolz, "das ist die Selbstorganisation!"
"Ja, aber auf den wesentlicheren Teil habt ihr vergessen", beharrt Veronika auf dem vorigen Gedanken.
"Mir gefällt das Organigramm von Manfreds Firma gut. Da ist zwar auch die viel wichtigere, informelle Organisation nicht direkt abgebildet, aber das Organigramm stellt die formelle Organisation nicht in diesem ‚Kästchendenken' dar. Das sieht irgendwo wie eine Blume aus. Ich muss da immer an einen Löwenzahn denken, der bereits den Samen gebildet hat: In der Mitte ist die Geschäftsleitung, an kleinen Stängeln sind die Abteilungsleiter, und die Mitarbeiter sind die Härchen daran. Das Ganze wird vom Stängel - sprich der Wirtschaftlichkeit –

gehalten. Die Blätter bewirken die Sublimation - also die Energieumwandlung von Sonnenenergie in innere Energie - und die Wurzeln nähren es. Damit meine ich die Unternehmungskultur und das Wertesystem."
"Eine interessante Überlegung", findet Manfred stolz, "darauf bin ich noch gar nicht gekommen."
"Mir kommt jetzt noch ein anderes Bild in den Sinn", meint Veronika, und sie nimmt den Schreiber und zeichnet auf die Serviette, während sie erklärt: "Das sind die Schalen einer Zwiebel. Hier unten, wo die Wurzeln herauskommen, sind alle Schalen miteinander verbunden. Wenn ihr eine Zwiebel schält, so seht ihr, dass das der Punkt mit der größten Dichte ist. Von hier werden alle Schalen mit dem gleichen Saft versorgt. Auf der Oberseite der Zwiebel wachsen die Blätter heraus Jede Schale hat ihre Blätter für sich, und aus der Mitte kommt der Stängel, der die Blüte trägt, die später zur Frucht wird. Wäre das nicht ein anschauliches, biologisches Abbild einer Organisation?"
"Hoffentlich fangen dir dabei die Augen nicht zu brennen an", ätzt Peter, der es nicht verwinden kann, dass er vorher kritisiert wurde. "Wie willst du die informelle Organisation abbilden?", fragt er sich verteidigend.
"Das weiß ich auch nicht. Es ist auch nicht meine Aufgabe. Ich wollte euch nur auf einen Denkfehler von euch aufmerksam machen, und in diesem Punkt seid ihr offensichtlich auch noch im alten Denken verhaftet."
Veronika gewährt uns eine kleine Pause.
"Wozu braucht ihr die formelle Organisation? Wozu zeichnet ihr ein Organigramm?" Sie stellt die Fragen jetzt bewusst provozierend, um uns zum Überdenken der Organisationsdarstellung anzuregen, und um uns unseren Fehler bewusst und drastisch vor Augen zu führen: "Damit jeder von euch seine Macht kennt." Und sie fügt hinzu: "Das Denken schafft die Wahrheit!"
Diese Aussagen treffen uns.

Ein wenig ratlos sitzen wir um den Tisch, nippen verlegen vom Wein, sagen aber kein Wort.
"Das ist jetzt auch eure Entscheidung", unterbricht Veronika die Stille, "darauf betroffen zu reagieren, oder sich den Fehler einzugestehen und

daraus zu lernen. Wie war das mit eurer Fehlerfreundlichkeit? Oder gilt das nur für andere?"
Damit ringt sie uns ein zuerst gequältes, dann ein immer befreiteres Lächeln ab. Verständnisvoll meint sie dann: "Nachdem ihr jetzt einen kleinen Dämpfer bekommen habt, möchte ich euch ein wenig aufbauen. Wir sitzen hier auf der ‚*Adlersruh'*, und ihr seid doch auch alle Adler. Ich erzähle euch die Geschichte vom Adler. Die Weisheiten, die in dieser Geschichte verborgen sind, soll jeder für sich selbst erkennen. Ich erzähle euch diese Geschichte, weil ich nach der Schilderung eures Projektes erlebe, dass dabei sehr viele, wichtige Veränderungen geschehen sind, die den Menschen in seiner Ganzheit erfassen. Diese Geschichte gehört zu den Weisheitsgeschichten, und sie lässt sich mit vielen Lebenssituationen vergleichen, aber besonders mit einem Lernprozess, wie ihr ihn erlebt habt. Macht ihr euch selbst Gedanken darüber, wer in eurem Projekt der naturkundige Mann war, wer der Bauer, wer die sind, die im Hühnerstall leben, und wer der ‚versteckte' Adler ist. Und was es braucht, damit ein Adler, der glaubt, ein Huhn zu sein, wieder zum Fliegen kommt?"

Der Adler

von Hermann Gilhaus

Ein Mann ging in einen Wald, um nach einem Vogel zu suchen, den er mit nach Hause nehmen könnte. Er fing einen jungen Adler, brachte ihn heim und steckte ihn in den Hühnerhof zu den Hennen, Enten und Truthühnern. Und er gab ihm Hühnerfutter zu fressen, obwohl er ein Adler war, der König der Vögel.

Nach fünf Jahren erhielt der Mann den Besuch eines naturkundigen Mannes. Und als sie miteinander durch den Garten gingen, sagte der: „Der Vogel dort ist kein Huhn, er ist ein Adler!“ – „Ja“, sagte der Mann, „das stimmt. Aber ich habe ihn zu einem Huhn erzogen. Er ist jetzt kein Adler mehr, sondern ein Huhn, auch wenn seine Flügel drei Meter breit sind.“ „Nein“, sagte der andere. „Es ist noch immer ein Adler, denn er hat das Herz eines Adlers. Und das wird ihn hinauffliegen lassen in die Lüfte.“ – „Nein, nein“, sagte der Mann. „ er ist jetzt ein richtiges Huhn und wird niemals wie ein Adler fliegen.“

Darauf beschlossen sie, eine Probe zu machen. Der naturkundige Mann nahm den Adler, hob ihn in die Höhe und sagte beschwörend: „Der du ein Adler bist, der du dem Himmel gehörst und nicht dieser Erde: breite deine Schwingen aus und fliege!“ – Der Adler saß auf der hochgereckten Faust und blickte um sich. Hinter sich sah er die Hühner nach ihren Körnern picken, und er sprang zu ihnen hinunter. Der Mann sagte: „Ich habe dir gesagt, er ist ein Huhn.“ – „Nein“, sagte der andere, „er ist ein Adler. Ich versuche es morgen noch einmal.“

Am anderen Morgen stieg er mit dem Adler auf das Dach des Hauses, hob ihn empor und sagte: „Adler, der du ein Adler bist, breite deine Schwingen aus und fliege!“ Aber als der Adler wieder die scharrenden Hühner im Hof erblickte, sprang er abermals zu ihnen hinunter und scharrte mit ihnen. Der Mann sagte wieder: „Ich habe dir gesagt, er ist ein Huhn.“ „Nein“, sagte der andere, „er ist ein Adler , und er hat noch immer das Herz eines Adlers. Lass es uns noch ein einziges Mal versuchen; morgen werde ich ihn fliegen lassen.“

Am nächsten Morgen erhob er sich früh, nahm den Adler, und brachte ihn hinaus aus der Stadt, weit weg von den Hühnern an den Fuß eines hohen Berges. Die Sonne stieg gerade auf, sie vergoldete den Gipfel des Berges, jede Zinne erstrahlte in der Freude eines wundervollen Morgens. Er hob den Adler hoch und sagte zu ihm: „Adler, du bist ein Adler. Du gehörst dem Himmel und nicht dieser Erde. Breite deine Schwingen aus und fliege!" Der Adler blickte umher, zitterte, als erfüllte ihn neues Leben – aber er flog nicht. Da ließ ihn der naturkundige Mann direkt in die Sonne schauen. Und plötzlich breitete er seine gewaltigen Flügel aus, erhob sich mit dem Schrei eines Adlers, flog höher und höher und kehrte nie wieder zurück.

XII. Abschluss und Ernte

"Kannst du bitte Hans daran erinnern, dass wir in einer Stunde absteigen werden", ersuche ich Josef.
"Der ist bis dahin sicher noch nicht fertig", prophezeit er, "denn dann fällt ihm noch ein, dass er auf der kleinen Anhöhe noch nicht oben war und die Aussicht von dort noch nicht gesehen hat, dann braucht er noch Erinnerungsfotos von der Hütte, und Karten muss er noch schreiben, und ....."
"Jetzt bist du aber sehr pessimistisch", unterbreche ich ihn. "Stell ihn doch nicht in so schlechtes Licht!"
"Dann sag´ es ihm selber, sonst kommt er gewiss eine Stunde zu spät", behauptet Josef.
„Gut“, denke ich, „dann sage ich es ihm selber.“ Ich will gerade meinen bequemen Stuhl auf der sonnigen Terrasse verlassen, da kommt Hans vorbei.
"Wann werden wir aufbrechen?", fragt er.
"Gut dass du da bist. Ich wollte gerade zu dir gehen und dir sagen, dass wir in einer Stunde absteigen werden. Geht sich das bei dir aus?"
"Leicht", meint Hans locker, "Die paar Sachen hab´ ich schnell im Rucksack!"
"Dann können wir auch früher gehen?", frage ich ihn etwas provozierend.
"Von mir aus", gibt er kurz im Umdrehen zurück, sodass ich gar nichts mehr sagen kann. Josef hat mittlerweile seine Sachen auf die Terrasse getragen und packt diese neben mir ein. Nach einer Weile gesellen sich Peter und Norbert dazu.
"Wie lange werden wir für den Abstieg brauchen?", erkundigt sich Josef.
"Kommt darauf an, ob wir auf der Stüdlhütte nochmals einkehren oder nicht", stelle ich in den Raum. "Reine Gehzeit wird es vier bis fünf Stunden sein. Das hängt auch davon ab, ob wir bei der Gletscherüberquerung das Seil verwenden müssen oder nicht. Steigeisen werden wir auf alle Fälle brauchen. Das Anlegen braucht etwas Zeit."

"Die Stüdlhütte werden wir wohl nicht auslassen", protestiert gleich Norbert, "da muss ich nachtanken. Bis da unten hat jeder von euch schon so einen Durst, dass wir gerne einkehren."
"Wir sollten aber auch nicht zu spät nach Hause kommen", erinnert Peter. "Morgen ist wieder Arbeitstag, und da sollen wir fit sein."
"Die ersten Stunden werden wir ohnehin nur zum Erzählen kommen, wie es war", schwächt Josef die Bedenken Peters ab. Herbert setzt sich zu uns und sieht zu, wie wir die Rucksäcke fertig packen.
"Hast du dein Seil hoffentlich oben eingepackt?", will Peter wissen.
"Wozu, das brauchen wir doch nicht mehr."
"Und wenn eine Gletscherspalte offen ist?", ängstigt sich Josef, "dann müssen wir uns anseilen."
"Niemand hat von einer offenen Spalte erzählt. Wie du heraufgestiegen bist, war doch auch keine Spalte offen", rechtfertigt Herbert seine Unbedachtsamkeit.
"Es wird bald Zwölf", erinnere ich zum Aufbruch.
"Wo ist Hans?" erkundigt sich Norbert.
Herbert hat ihn zuletzt gesehen, und er meint: "Er wird gleich kommen, er wollte nur schnell noch ein Foto von der Aussicht machen."
Josef sieht mich an und lächelt: "Hab´ ich es dir nicht gesagt! Wir werden auf ihn warten müssen."
Herbert sieht sich um, und er erkennt gleich Hans, der eine Gruppe Personen überholt. "Da kommt er schon. Wo war er noch?"
"Sicher da oben, du hast doch gesagt, die Aussicht fotografieren."
"Aber da habe ich doch nicht an da oben gedacht", wundert sich Herbert.
Hans nimmt, bei der Hütte angelangt, seinen Rücksack und kommt auf uns zu. "Fertig", meint er nur, denn er ist noch ganz außer Atem.
„Komisch", denke ich, „irgendwie erinnert mich das an den Beginn unserer Tour", und wende mich mit den Worten "Habt ihr alles?" weg von der Hütte.
"Komm noch einmal zurück", ruft Josef, "der Hüttenwirt macht noch schnell ein Gruppenfoto mit Hütte im Hintergrund. Das ist der endgültige Beweis, denn die Hütte war erst vor kurzem auf einem Kalender abgebildet. Da kann dann jeder sehen, dass wir auf dem Glockner waren."

"Der Fotoapparat!", ruft Hans entsetzt aus, "da sind alle Bilder drauf." Kaum hat er ausgesprochen, läuft er weg. Zufrieden kommt er gleich darauf wieder und rechtfertigt sich: "Auf der Bank habe ich ihn liegen gelassen, als ich den Rucksack holte."
Josef nimmt seine Kamera vom Wirt zurück und hängt sie um. Ich drehe mich in Richtung Abstieg und gehe weg.
"Auf Wiedersehen", hören wir aus einiger Entfernung. "Manfred und Veronika", erkennt Peter, "sie kommen von ihrer Tour schon zurück."
Wir winken ebenfalls. "Es war schön, euch kennen zu lernen", rufe ich zurück.
"Ihr seid eine tolle Gruppe", hören wir noch im Weggehen, und sichtbarer Stolz erfüllt uns.

"Waren wir eben im Theater, oder doch am Berg?", stellt Peter nach wenigen Minuten die Frage.
"Was meinst du damit?", frage ich zurück.
"Ist dir nichts aufgefallen?"
"Nichts Außergewöhnliches. Hätte mir etwas auffallen sollen?"
"Das war doch kabarettreif. Das war genauso wie damals, als du gesagt hast, wir machen nur mehr zwei Workshops. Nur die handelnden Personen haben sich ein wenig geändert. Und selbst da kannst du einige charakteristische Eigenschaften wieder erkennen."
Ich denke nach und muss plötzlich lachen. Die Parallele ist wirklich verblüffend, erkenne ich. Norbert will seinen Zwischencheck zum Überprüfen und Auftanken. Hans will noch alles nachholen, wovon er glaubt, er hätte es tun müssen, und er will alles dokumentieren. Josef stellt die Was ist Wenn - Fragen und will sich absichern. Und Herbert bleibt locker: Was soll schon daherkommen? Peter entführt mit seiner Feststellung unbewusst meine Gedanken in die Vergangenheit. Ist das Zufall, oder Fügung, frage ich mich, Theater oder Realität? Die Schlussphase war tatsächlich sehr ähnlich wie unser Weggehen von der Hütte. Alle hatten doch auch im Projekt ständig über den zeitlichen Projektverlauf Bescheid gewusst, und trotzdem waren einige überrascht, als das Projektende erreicht war. Zum Projektende hin kamen zaghafte Widerstände auf, die sich in Ängsten ausdrückten: Was ist, wenn dieses oder jenes Problem auftritt? Was ist, wenn sich einer nicht mehr an unsere Spielregeln hält? Zum Teil musste ich sie schon

sehr heftig daran erinnern, dass sie nun selbständig sein durften, und dass sie das unter Beweis stellen konnten. Was ist, wenn sie in ihrer Selbständigkeit Fehler machen? Manchmal war es schon zum ´Aus der Haut fahren´. Selbständig wie pubertierende Kinder, die alles schon besser wissen, aber der Papa muss dabei sein. Der Hinweis auf den nächsten Workshop in einem halben Jahr als weiterer Zielerreichungs-Checkpunkt - setzt sie das unter Druck? Für alle fachlichen Fragen sind sie gut gerüstet! Menschlich haben sie die nötige Sensibilität und Flexibilität erreicht! Es ist der richtige Zeitpunkt, sie sind flügge geworden!
"Müssen wir uns anseilen?", reißt mich Josef aus meinen Gedanken. Ich blicke auf, prüfe die Lage und meine dann: "Nein, ihr könnt weitergehen." Jetzt erst merke ich, wie lange ich mich an diesen Ablösungsprozess erinnert habe, und dass ich nun der Letzte bin, der zum Gletscher kommt. Alle haben mich überholt. „Ich habe es gar nicht gemerkt“, denke ich, „die Schlussphase ist wichtig und muss überlegt durchgeführt werden, soll das Projekt von Dauer sein.“

"Michael, wir feiern doch noch gemeinsam unser Erlebnis?", fragt mich Peter stellvertretend für alle.
"Das war jetzt die Krönung", meint Hans.
"Es war eine gute Idee von Hans", lobt Peter.
"Die Tour hat uns persönlich noch näher gebracht", stimmt Herbert ein, "so gut wie hier haben wir noch nie zusammengearbeitet."
"Es hat uns zusammengeschweißt", verbessert Peter.
"Dadurch war es für mich leichter, mich zu überwinden. Ich war noch nie auf einer Bergtour, und dann gleich auf einer so gewaltigen", rühmt Josef seinen Mut.
"Es war ja auch unsere Arbeit gewaltig", rückt Hans die Bedeutung für ihn ins Lot.
"Schön", sage ich. "Mich freut es, dass euch unser Abenteuer gefallen hat. Mir hat es auch großen Spaß gemacht. Ich danke euch dafür, und ich hoffe, dass dies nicht die letzte gemeinsame Unternehmung war."

Literaturhinweise

Bechte, Wolfgang: Steuerung der Durchlaufzeit durch belastungsorientierte Auftragsfreigabe. Dissertation Universität Hannover 1980

Csikszentmihalyi Mihaly: Das Flow-Erlebnis, Klett-Cotta, Stuttgart, 1985

Cube, Felix von; Alshuth, Dietger: Fordern statt verwöhnen. München 1989

Cube, Felix von: Lust an Leistung. München 1998

Galbraith, John Kenneth: Anatomie der Macht, München, 1989

Goldratt M. Eliyahu, Jeff Cox: Das Ziel, Campus Sachbuch, Frankfurt, New York, 2001

Grün, Anselm: Menschen führen – Leben wecken. Dtv Taschenbuch 2002

Johannsen, Arne: "Die neue Demut", in: Cash Flow Juni 1992

Möller, Michael Lukas: Der Krieg, die Lust, der Frieden, die Macht. Rowohlt -Taschenbuch Verlag, Reinbek 1992

Obermayr-Breitfuß, Regina: Intuition – Theorie und praktische Anwendungen, Bod 2004

Obermayr, Norbert: "Von Vision zur Effizienz! Lean Production - Eine Frage des Führungsstils" in: Zukunftsweisende Konzepte in Handel, Industrie und Transport - Schriftenreihe Logistik, H. Bäck (Hrsg.), 1992

Warnecke, Hans-Jürgen: Die Fraktale Fabrik. Revolution der Unternehmenskultur. Rowohlt – Taschenbuch Reinbeck 1996

Spezieller Dank

Ich bedanke mich an dieser Stelle extra nochmals bei allen meinen bisherigen Mitarbeitern und bei allen Projektteilnehmern meiner Projekte für ihre Mitarbeit und für ihre Unterstützung. Jeder von ihnen war mir in einer gewissen Weise Lehrmeister. Ohne sie wären die betrieblichen Veränderungen und deren Erfolge nicht möglich gewesen. Ich danke ihnen für ihr Vertrauen, für ihren Mut, und für ihre Einsatzbereitschaft. - Es freut mich ganz besonders, dass auch sie diese gemeinsame Zeit als persönliche Entwicklung und als Bereicherung sehen, und dass diese Entwicklung oft auch das Privatleben positiv beeinflusst hat.